走出心理誤區，擺脫負面情緒！

心理自控力

麥哲倫 主編

前言

人是一種會思考的動物，也因為有思考能力，才會給心理帶來喜怒哀樂的情緒，給生活帶來高低起伏的節奏；只要面對順心如意的事，就會讓人產生快樂、正向的積極思維。相對地；在遇到阻逆橫梗的事與願違時，就會產生低落挫敗的感情，進而走入心理的誤區，而無法擺脫負面的情緒……

這時，如果能找一個心理醫生諮商，或找一個有見地的朋友討論，或到書店去找一些相關的心理勵志書籍來尋求幫助——這些都是一件好事！不過，除了外力的幫助，你也須要……等等，先告訴一個小典故：

傳說南唐時，金陵清涼寺有一位法燈禪師，性格豪放，平時不太拘守佛門戒規，寺內一般僧人都瞧不起他，唯獨住持方丈對他頗為器重。

有一次，方丈在講經說法時詢問寺內眾僧人：「誰能夠把繫在老虎脖子上的金鈴解下來？」大家再三思考，都回答不出來。

這時法燈剛巧走過來，他不假思索地答道：「只有那個把金鈴繫到老虎脖子上的人，才能夠把金鈴解下來。」方丈聽後，點頭稱讚。

接下剛剛的話題，即是除了尋求外力的幫助，你也須要「解鈴還須繫鈴人」——自己幫助自己——水才是真正的力量。

美國社會學家桃樂絲．迪克斯說過——

我是從貧窮和疾病的深淵中生活過來的，幫我走出深淵的是這樣的信念：「昨日即已安然渡過，今日又有什麼好怕的！而明天自有明天的安排，我絕不為它憂慮。」

回顧自己的人生，儘是幻滅的夢想、破碎的希望……等等，幻影殘骸遍地的戰場——我雖遍體鱗傷，但依然鬥志高昂，一點也不為自己的不幸悲傷，也不羨慕那些從未遭到苦難的女子。她們只是單純的存在而已；而我卻是毫不含糊地一步步走過人生的困境，我把「人生」這一杯酒裡的每一滴都酣淋漓地品嚐，而它們（困境）都只是在表面的那層泡沫罷了。

我在名為「嚴格的試煉」這所偉大的「人生大學」中，學會了生活安逸的女性們絕對無法體驗得到的哲學。我學會每一天都真真實實地活著，絕不背負明天的憂慮。使我們膽小的，往往是來自想像中的陰慘的壓迫感，而我驅除了它們。平日一些小小的不稱意，再也不會對我有任何的影響，因為我已戰勝了這些多餘的煩惱！

我也學會對他人不要有太多的期望，因此不但可免失望之苦，也能與人和平相處。遇到苦難時，更應以幽默的態度面對它。能以自嘲來代替歇斯底里的思維，絕對不會第二次陷入愁煩的苦境中。我對自己所遭遇的困境絕不抱怨，因為經由它們我才更加了解人生的每一個角落，這就是最大的收獲了。

總而言之，

（一）我是生活在「今天」，不是昨天、更不是明天。

（二）我不對他人有太多期待。

（三）學會以幽默的態度來對付苦難。

你現在煩惱嗎？何不立刻用以下所提供的神奇方法解決呢？

第一個問題——我到底在憂慮什麼呢？——詳細列出煩惱的事。

第二個問題——我能採取那些對策？——記下自己可以做的對策。

第三個問題——在各種可能方案中，我決定採取那一種？——下決定。

第四個問題——我什麼時候開始付諸行動？——立刻實施你的決定。

本書運用通俗、簡練的語言，結合大量的實例，從眾多角度闡述了現代人常見的各種負面情緒，並介紹了相應的療癒方式，以期能給各位讀者帶來切實的幫助。

事實上，面對絕大多數的心理困境，只要以正確的心態去認識它、對待它，提高自己的心理素質，學會心理調節。那麼，每個人都可以走出心理的誤區，都可以利用自己的——心理自控力——改變明天的生活！

第1章
最無益的心理——抱怨

抱怨，是生活中常見的一種行為，也是必不可少的行為。但大多數人的抱怨都是囉嗦、無聊的嘮叨，給自己的生活、工作帶來不利的影響，進而危害他們身心的健康。大多數的抱怨都沒有實質性意義，因為人們所抱怨的是沒有辦法改變的事實，或者是不需要改變的事實，這樣不利於問題的解決，反而使情況越變越複雜。有些人的抱怨不是為了使事情發生變化，而是為了推卸責任，這種抱怨比較自私。難道說所有的抱怨都是無益的嗎？那也不見得。抱怨是門藝術，通過抱怨是否能夠改變現實中一些不滿意的地方，這需要很嫻熟的處事技巧。想要讓事情變得更好的人一般不會選擇抱怨，而是積極地尋找改變的策略與方法。

你抱怨生活了嗎？

某天在朋友的網上，看到幾幅非常精彩的漫畫，欣喜之餘就把它轉載了過來。與周圍朋友共享，再對之細細品味，我發現漫畫中蘊藏的道理，值得每個人借鑒與欣賞，尤其是對生活在複雜、浮躁不安的年代中的我們來說，更是如此。

漫畫的故事是講一群上帝的信仰者，背著沈重的十字架在荒涼的沙漠中一路前行邁向遠方。沈重的十字架讓人們大汗淋漓，步履艱難，人們佝僂著腰，用盡全身的力氣，一步一步地往前挪。

這時，一位年輕人實在受不了過重的負荷了，於是乞求上帝，「可不可以把十字架砍掉一部分啊？」在得到上帝的默許之後，年輕人扛著比別人少一截的十字架，滿懷激情、異常輕鬆地繼續著他的征程。

可是不久之後，年輕人感覺肩上的重量更勝於之前，他氣喘吁吁地不得不停了下來。他看了看周圍，無奈地向上帝抱怨：「這還是太重了，豈是我這弱小的肩膀所能扛得起的啊，可不可以再把它砍掉一截呢？」上帝無奈地搖搖頭，又答應了這位年輕人的請求。之後，年輕人帶著輕鬆愜意的笑容，走在人群中繼續旅途。

就這樣，年輕人不停地走走停停，每次停下來他就向上帝抱怨他的十字架太重，他扛不動，他要砍掉一截。最後，疲憊不堪的人們終於看到了幸福的彼岸，閃著明媚陽光的對岸，溫暖得讓人恨不得立即跳入感受祂的撫摸與安慰。

然而，想要躍入溫暖的彼岸海洋必須先要跨過一個巨大的無底鴻溝。面對深不見底的深淵，人們沒有想像中的恐懼與慌亂，他們卸下肩上沈重的十字架搭成橫跨兩岸的橋樑，輕鬆走過。但是一路砍掉十字架的年輕人，卻不能順利到達光芒閃耀的黃金彼岸，因爲他發現自己的十字架太短了，無法搆到對岸，無法做成橋樑。年輕人只能暗自遺憾，暗自後悔，默默流著眼淚，跪倒在十字架面前深深懺悔……

如果你也是旅途中背著沈重十字架的其中一個，你會怎麼做？如果這份沈重已經重到你無力承載，你會向上帝抱怨它太重了，並乞求把它砍掉一截，輕鬆上路嗎？我想這個問題，在每個人心中都有每個人不同的答案。

生活絕對不是一帆風順的，有些看似平坦無崎嶇的走向，未必就不會經受大風大浪的侵襲。生活給我們的重重考驗，不是我們通過計算就能夠預料得到的，生活是個未知數，可能讓你輕鬆，也可能使你感到喉頭哽咽，也可能讓你窒息而亡，面對生活如果你如漫畫中的年輕人一樣不停地向上帝抱怨，你會感覺生活越來越重，越來越超出你能力所能承擔的範圍，你會毫不猶豫地砍掉上帝給予你磨鍊的十字架，到最後，在你需要它的時候，卻發現自己早就把它丟掉了。因為慣性使然，誰不想選擇既輕鬆又有趣的生活過呢？關鍵是你如何選擇面對。

如果肩上的十字架是負重不堪的生活的話，那麼上帝就是遊走在生活中的人們心中不滅的信仰，祂指引著人們不斷前行。在這個看不到陽光彼岸的漫長旅程中，如果沒有信仰的存在，不是每個人都能堅定執著地往前邁進的；扛著沈重不堪的重壓堅持到底的人，看到耀眼的希望就在眼前的時候，如果沒有之前的艱難困苦與沈重不堪，又如何能夠品味到擁有它的快樂呢？又怎麼能夠感受到絕處逢生的珍貴呢！

生活與信念兩者缺一不可。面對生活，不能動搖信念，以自私的理由向生活、向上帝抱怨自己的不堅持，最後向上帝懺悔的，絕對不是遵守信念、認真生活的人。

抱怨是對自己信仰的不尊重，也是一種不信任，是對自己意志不夠堅定找合理的理由與藉口。作業太多時，你有沒有在心底無數次地臭罵晝夜不息為你批改作業，熬紅了雙眼、累垮了身軀的老師？工作做不完，加班加點地趕工時，你有沒有心不甘情不願地坐在辦公室，故意拖拉時間？

會向生活抱怨的人，會想盡一切方法給自己找合理的理由與藉口，讓自己過得盡可能舒服、愜意。做不完作業，那是因為作業太多；做不完工作，那是因為老闆太過苛刻。抱怨的人很少會想到失敗，做不到恰恰是因為自己先砍掉了通向成功彼岸的強大翅膀。仔細想想，你有沒有向生活抱怨過，或正在抱怨著呢？

你抱怨的事情真的很嚴重嗎？

當小雨與楠重新握手言和，重新緊緊擁抱，重新奮力擊掌的時候，她們以一種只有她們自己才能感受，才能了然的淡然相視而笑了……是啊，回首不久之前發生的事情，如今的小雨才深刻感知她的抱怨是多麼的滑稽可笑，多麼的傷神傷氣，多麼的軟弱無力；她抱怨的事情，只不過是她想要敞開的心懷忽然受挫，忽然被人誤解，忽然詞不達意的變相抵抗，她抱怨的事情，只不過是她熱情的期望暫時遇上了凝結的冰山，驟然僵化的脆弱；她抱怨的事情只不過是她執著地想要被理解卻陷入了難以理解對方的混亂困境中，不自覺地衍生出的敵視……這是抱怨的本質嗎？

回憶過去，無奈只剩下尷尬……

楠是小雨的好朋友，當楠提議一起去做個新髮型時，小雨實在是難以拒絕。愛美之心人皆有之，更何況正值青春年華的年輕女孩們，換個髮型換種心情。但一想到要在美髮店待四、五個小時，小雨就覺得好痛苦。小雨是一個個性比較急躁的女孩，而且，楠剪個短髮只需要一個小時，那麼剩下的時間小雨就要一個人度過，這更讓小雨無法忍受。楠一再向小雨保證，只要小雨陪她去，無論多麼長的時間她都會陪著她。

那天，小雨與楠懷著無比興奮的心情走進了髮廊，期待著她們美麗的轉變。她們喋喋不休地談論著生活的點滴，時間不著痕跡地從她們指尖穿過。當小雨還在感嘆婀娜溫柔的女子，在華麗轉身蛻變之前要經受怎樣的痛苦與無奈時，青春靚麗的楠已經以一種全新的姿態出現在小雨的眼前，真的很美……小雨的讚美還沒有結束，楠卻告訴小雨她有事要先走一步了……楠沒有說到底是什麼事情讓她如此急迫，此刻她完全忘記自己說要陪伴小雨的話了。忽然之間，信任被撕裂的痛楚，溢滿了小雨全身上下的每一根神經，每一個細胞。小雨直直地盯著楠的眼睛，希望她能感受到她想依賴的感覺，然而什麼都沒有，楠瀟灑地轉身，乾淨俐落地揮手……

在髮廊最後的三個小時，無論工作人員怎樣逗小雨開心，淚水還是無法抑制地傾瀉而出。傷心遠遠彌補不了小雨受挫的不平，這種不平衡感，眼淚無法帶走，憤怒也無濟於事，小雨想了很多種能夠讓自己安靜的方法，但都沒有用。思維被撕毀的信任佔據得不剩一絲空隙：「如果現在你能夠給我一通電話告訴我，你必須離開的理由；如果現在你能夠給我一則簡訊，那麼我就原諒你！」小雨思緒混亂得如纏繞的髮絲。頭髮做完了，完全不是小雨想要的效果。看著亂糟糟的頭髮，小雨心情煩躁，固執地拿起橡皮圈綁成她以往率性的馬尾，尷尬地逃離髮廊。

渾渾噩噩地回到住的地方，小雨把所有的委屈全部指向了楠的忽然離開：楠讓小雨又一次體驗到被人拋離的痛苦，眾人憐憫的目光；好好的一頭飄逸長髮被造型師弄得面目全非，花錢不說，原先的美感也蕩然無存了。小雨感覺她今天真是倒楣到了極點。

室友回來了，小雨把一切苦惱統統傾倒出來，抱怨造型師的爛技術，抱怨楠的無故背叛，抱怨眾人不解的目光，任憑室友怎麼勸說，小雨倔強地向室友抱怨，全世界的不公平此刻全都壓倒在她的身上。之後心情不好的小雨早早上床休息了。快到凌晨的時候，楠哼著輕快的歌曲回來了。「今天眞不好意思，本來說好要等你的，對不起了。」

小雨沈默以對，因爲這不是她想要的答案，小雨認爲她最好的朋友在她受傷之後，冷漠地遞給了她一杯並不解渴的冰水，還想當然地認爲一杯水療傷已足夠。

第二天，小雨依舊沈默以對……

第三天，第四天，一個月，小雨依舊無言以對，楠依舊緘默其口……

事實上，小雨十分明白那天楠爲什麼會突然離開，楠已經爲她的失誤向小雨說了抱歉，小雨無法釋懷的是因爲楠無意犯的過錯，讓她有被背叛的感覺。所以，憤怒的情緒讓小雨暫時忘了理性是什麼？寬容、理解是什麼？

風和日麗，太陽普照的艷陽天，當小雨看見楠與一個高大帥氣的男孩，手牽手向她迎面走來的時候，小雨忽然明白之前內心衍生的諸多抱怨，對楠故意的不理不睬是如此的狹隘與幼稚。與心愛的人迫不及待地見面收穫一份幸福與美滿，小雨又怎能忍心用自己的情緒來責怪、束縛朋友呢！這也是小雨長時間抱怨糾纏之後，突然悟出的最簡單，也最直接的人生哲學。

看完這個簡單的故事之後，我們也許會糾結小雨會不會太小氣了，這麼點小事也值得她這樣大動干戈？靜下心來仔細地想一想，我們生活的周圍有沒有讓我們大聲指責、用力抱怨的小事呢？在我們大聲抱怨的時候，我們是不是容易忘記「這其實是小事一樁」的思考？

在擁擠的捷運車上，有的人被人狠狠地踩了一腳，推了一把，就破口大罵：「沒長眼睛啊，怎麼這麼不小心啊？」尖銳的聲音頓時劃過整個車廂，吸引了全車數百雙眼睛的直視……

知名學者、教授的演講報告會上，瞌睡蟲的光顧讓不少人喃喃自語道：「怎麼這麼無聊啊，連現場氣氛都調動不起來，還知名學者呢？」、「像在唸稿子一般地乏味，簡直就是催眠曲嘛……」

殊不知，在擁擠的場合，長眼睛的我們也會偶爾不小心冒犯他人，如果在我們後悔的同時，得到的卻是惡狠狠的羞辱，那麼再怎麼懊悔的心也會變得不再懊悔，反而會變成理直氣壯的態度；精彩的演講需要我們用心地思考、接納與吸收，如果思維發生惰性，習慣佔據優勢，卻把責任推卸於演講的人，那麼不久的將來，我們注定是要感嘆別人，艷羨別人，或嫉妒別人，而終究不會成為被感嘆、被艷羨、被嫉妒的「催眠曲」演講者，所以說抱怨無濟於事。

抱怨真的可以讓事情更好嗎？

生活中只要有人的地方，就會有人與人之間交叉錯亂的情感糾葛發生。

面對這些雜亂紛擾的磕撞與碰觸，人們難免會心情煩躁，產生諸多抱怨。生活之事有大有小，可大也可小，如親密的朋友中途突然離去，尖鋒時段車上的擁擠磕碰，知名教授的重大演講等。面對生活中的大小之事，有的人積極面對，有的人抱怨不堪；有的人一笑置之，有的人斤斤計較；有的人就事論事，有的人對人不對事。

生活有多大，人的差異就有多大！

任何事情都存在度的界限，一旦超過這個界限，矛盾就會發生，伴隨而來的不滿情緒，就會困擾我們的心智。

前面的故事中，小雨也做錯了。對朋友的失誤或者錯誤，小雨採用了一種消極的迴避態度。不滿的情緒在心裡堆積越來越多，渴望被人理解的願望就越來越濃，所以選擇向周圍的人抱怨自己的委屈，抱怨朋友的不忠就成了小雨緩解內心焦慮的方式與手段。但是，抱怨真的能夠使事情向好的方面轉化嗎？小雨無聲的抗議、嘮叨地指責，是否真的讓小雨心裡舒服、心情快樂嗎？小雨採取的抱怨方式達到她最初的目的了嗎？一個月的冷戰，「此地無聲勝有聲」，現實明白地告訴我們：抱怨沒有使事情變得更好。

小雨的沈默讓楠開始反思自己，到底錯在了哪裡。楠帶著和解的心情想要與小雨好好地談一談，化解她們之間的矛盾。但小雨的抱怨激起了楠更強的不滿與抗議，「本來是我有錯在先，但你的態度讓我感覺已經不存在化解的必要了。」於是，楠選擇緘默其口。這就是抱怨可以讓事情變得更糟的源頭。矛盾的化解在於一種積極的態度，有化解的渴望才會有和解的結果。抱怨是一種迴避問題的消極態度。不管小雨最初抱的是一種怎樣的心態，抱怨只會讓事情越來越糟。

這裡面就要涉及兩個問題：一個是矛盾的產生，一個是和解的態度，而抱怨是處於兩者之間的中介變量。也就是說，生活的摩擦直接導致抱怨的產生，有了抱怨，人們就有了面對問題、解決問題的態度。這裡最為關鍵的還在於抱怨的性質與強度。如果人的抱怨是為了能更有效地解決問題，那麼抱怨太輕，起不到解決問題的目的；抱怨過重，又會引起對方的反感，也不利於問題的解決，所以中度的抱怨是最為理想的水平。如何抱怨適中，這是哲學的藝術，更是生活的思考與感悟。

更多人的抱怨出發點不是為了更好地解決問題，而是心理不滿足的欲望奢求。

小雨的抱怨沒有考慮朋友的立場，沒有給朋友一個解釋錯誤的機會，或者是硬生生地切斷了朋友道歉的真誠。小雨的抱怨是釋放心理委屈的一種手段，是收穫安全的一種方式，她忽略了問題的根本所在，於是她痛苦徘徊了一個月。楠的幸福敲醒了小雨偏執的思維，是自己給自己挖了一條鑽牛角尖的死路。小雨勇敢地面對了自己，勇敢地面對了好友，誤會就這樣化解了。一場沒有必要發生的無硝煙戰爭，在兩人握手言和的瞬間轉成了淡然的微笑。

我們一般所講的抱怨都局限於第二種，是對生活中矛盾衝突的碎碎念。沒有實質性的意義，對於問題的解決沒有絲毫的引導作用。上下班時，在公車上的擁擠，我們都經歷過。在推搡中，被別人不小心踩一腳，或你「無意」還回一腳，大罵他人不長眼睛，被人大罵不長眼睛，是否能夠讓被踩了的腳沒有被踩呢？抱怨司機開車如蝸牛一般，抱怨人多到處橫衝直撞，是否能夠讓擁擠的車廂變得寬敞無比呢？是否能夠在道路阻塞的夾縫中疾馳飛行呢？如果可以的話，那就盡情地抱怨吧！

事實上，周圍抱怨的聲音沒有片刻停止，大家依舊你來我往地互相推搡，不去侵犯他人也絕對不能讓他人侵犯，在狹窄的車空間裡呼吸依舊難以順暢，司機的喇叭按了又按，車上的人下不去，車下的人上不來，彼此的抱怨唾罵還是不絕於耳，響徹四周。抱怨有用嗎？既然沒有用，那就請閉嘴吧！

用寬容的心，用理解的情，用真摯的笑容，用溫馨的語言打破僵局，營造嶄新的局面，也許在其樂融融的氛圍中，等待就不會那麼漫長。

抱怨是一種疾病

智者在雲遊四海的途中碰到一位男子，只見該男子衣衫襤褸，灰頭土臉，猶如霜打的茄子一般垂頭喪氣。男子見到智者猶如見到救苦救難的觀世音菩薩一樣，一把鼻涕一把眼淚地向智者訴說他的痛苦：他們全家十幾口人生活在一間十分窄小的小木屋裡，壓迫的居住環境逼得他快要窒息了，他覺得自己快要崩潰了。「我的家簡直就是地獄，再這樣下去，我就要發瘋了……」男子一個勁地向智者彎腰叩頭，請求幫忙。

智者捋了捋雪白的鬍鬚，瞇了瞇狹長的雙眼，轉了轉清澈的眼珠，不緊不慢地說：「你家不是有一頭奶牛、一隻山羊和一群雞嗎？你呢？只要把這些家畜、家禽帶到屋子裡去，與家人一起生活，你的問題就會迎刃而解。」男子一聽大爲震驚，雖然疑惑但還是照著智者的建議去做了。

還沒過一天，男子更加痛苦不堪地前來尋找智者，「智者，我家現在完全就是地獄，家畜、家禽完全無視主人的存在，作威作福，情況變得比之前更糟，你的建議眞的快要把我逼瘋了，到底該怎麼辦呢？智者，快幫我想想辦法吧！」男子的神情確實比之前還要頹廢百倍，一臉的驚惶失措。智者平靜地看了看該男子，「那你就把那些雞趕出房間好了。」

隔了一天，男子還是一樣地痛苦不堪，「情況仍然沒有好轉，雞雖然不跳了，但山羊還是撞毀了我家裡的一切東西，家裡的抱怨如同噩夢。」智者依舊平靜地說：「那好辦，你就把山羊也趕出去好了。」

又過了一天，男子依舊愁眉苦臉地跑來求救智者，「奶牛現在把我家當成了牛棚，在裡面吃喝拉撒，人怎麼能夠忍受呢？可不可以把牛也趕出去呢？」智者的回答是──「還等什麼？那就趕緊把牛遷出去吧！」

故事結束了嗎？我不知道。我只知道過了幾天男子興奮無比地跑來找智者，想向智者表達最真摯的謝意，因為他終於找回了他渴望的安靜生活，沒有了家禽、家畜的騷擾，家裡顯得那麼寬敞、明亮，妻子顯得如此美麗大方，子女那麼可親可愛……

男子的處境與之前相比有本質上的改觀嗎？沒有。但男子的幸福程度卻得到了質的飛躍。聰明的人不用思量就能明白。這是因為相比較最早之前的痛苦生活，男子經歷了一段更為嚴峻，更為不幸的生活，所以面對一樣的生活，他卻感受到了無比的快樂，因為他學會了珍惜，因為他懂得了憶苦思甜的道理。

我們很難界定幸福是什麼？但我們卻常常抱怨自己過得有多麼的不幸。從本質上來講，這種不幸是與周圍人進行比較產生的。所以說，抱怨自己的不幸是一種疾病，是因為處處比不上自己高攀不起的他人，而產生的一種悲觀情緒，是因為處處強求自己無力獲取的他人的富有，而產生的心理疾病。想一想，自己真的有那麼不幸嗎？

用心感受一下自己的生活，有慈祥敬重的父母，有溫暖可親的配偶，有天真活潑的子女，有舒適的學習環境，有待遇不錯的工作，有不算豪華卻很溫暖的房子，有三五個知心亂侃的好友等用心體會，你是不是擁有了其中的一項，那麼恭喜你，你是幸福的人。如果你還在抱怨為什麼別人住的是別墅，別人開的是跑車，別人是從名校畢業，別人年薪幾十萬，別人……

那麼請靜下心來看看身邊——「幾萬個大學生畢業找不到工作……」、「股票大跌又有人跳樓自殺……」、「某某飆車又撞死了無辜之人……」、「某電子公司的工程師過勞死……」

比上不足，比下綽綽有餘，抱怨的人常常是身在福中不知福。

大的道理誰都懂，但負面情緒的加工廠——大腦杏仁核卻不會就此休眠。曾經有一篇日誌叫《我們這一代》，講的是我們這代人面對生活的轉變心理產生的巨大落差。

「當我們沒有進入股市的時候，傻瓜都在賺錢；當我們興沖沖地闖進股市的時候，才發現自己成了傻瓜；當我們不到結婚年齡的時候，騎單車就能娶媳婦；當我們到了結婚年齡的時候，沒有房子汽車娶不到媳婦；當我們沒找對象的時候，女孩子是談感情的；當我們找對象的時候，女孩子是講物質的；當我們沒找工作的時候，小學生都能當董事長；當我們找工作的時候，大學生只能洗廁所。」

粗略一看，好像現實就是這樣，於是深陷此中、不堪與命運搏鬥的一部分人，被自己的杏仁核操縱得快窒息，因而衍生出大量的負面情緒，哀怨連天，甚至自暴自棄。但仔細想一想，他們是不是陷入了「杞人憂天」的困惑中去呢？

讀書、工作、結婚、賺錢等都是我們生活中的一部分，我們在事事擔憂著，時時奮發著。已經有了一份穩定的工作，卻總在熱切地盯著別人高薪水的職位；已經擁有了溫柔婉約的情人，但「野味」的感覺又是如此地噬骨銷魂，令他們欲罷不能；已經有了寬敞舒適的溫馨小屋，望著別人的豪華別墅總認為自己太過不幸。可你知道還有多少人現在還游移在找工作的邊緣，有多少人因為沒有穩定的收入而不敢貿然步入婚姻的殿堂，又有多少人年過三十仍是城市蟻群一族？

有句俗話叫：人心沒底，吃了五穀想雜糧，吃了龍蝦想豆腐。我們為什麼總要拿那些我們得不到的東西作為比較呢？總覺得擁有他人擁有的就是幸福，而自己得到的就太不稀奇，太不珍貴了？有了差異也就有了動力，但習慣抱怨的人早已習慣了比較，無論獲得多少美好總認為不夠好，因為在他們上面還有更好的。他們總在仰著頭看世間的美好，卻忘了自己腳底下的踏實。本應該是幸福佔據的心卻被別的東西撕毀了，難怪他們抱怨連天呢！所以，抱怨是病，抱怨是比較的貪念病，整天怨來怨去的人病得不輕。

學會控制自己的抱怨心理

通過近十年的努力工作，小剛終於擁有了一套屬於自己的房子。這是小剛第一次通過自己的辛勤勞動努力拼搏而來的，所以小剛的那份高興呀，簡直難以用語言來形容。小剛心想：自己一定要好好地裝修這所房子，建成一個最現代最舒服的家，然後把鄉下的父母親接過來享受一下城市的舒適生活。

於是，小剛不辭辛苦地跑上跑下，跑進跑出，不遺餘力地督促裝潢公司的工作人員認眞，再認眞。而且小剛還花了大筆的錢買最好的紅木家具，買最好的大理石地板，買最先進的家電、衛浴廚具。這次的房子裝修幾乎花光了小剛剩餘的所有積蓄，但當小剛搬進煥然一新的房子的時候，他覺得一切都是值得的。尤其是當他鐵哥們來他家做客時，所流露出的那份羨慕，更是讓小剛覺得自己的一切辛苦都是超有所值。因爲他感受到了巨大的幸福，他讓父母親也感受到了巨大的幸福。

可沒過多久，小剛認爲自己的幸福被徹底顚覆了。某天，小剛受邀前去參加朋友的生日慶典，並順便參觀了朋友新裝修的一棟別墅，參觀之後，小剛之前對自己房子的滿意感，就徹底消失了。那是一棟三層的歐式別墅，房屋既寬敞又明亮，別墅的頂層還有一巨大的陽台，可以俯瞰整座城市。房前有大大的草坪花園，房後有巨大的露天游泳池，最讓小剛羨慕不已的是，朋友停放在路邊的凱迪拉克轎車，一切都是那麼的完美無瑕。

小剛受挫了。回到自己的房子，小剛覺得大理石的地板不再那麼光彩照人了，之前寬敞明亮的客廳，此時顯得如此的擁擠窄小。小剛忽然覺得自己是多麼的不幸啊！耗盡所有的積蓄裝潢出來的房子，還不如朋友家的一個浴室漂亮，小剛如霜打的茄子一般，頹廢地跌坐在沙發裡，久久不發一語……

幸福是什麼，幸福是一種主觀感受，幸福是對生活的滿足。對生活滿足感的產生不在於生活給你提供了什麼，而是你在生活中感受到了什麼。感受付出，感受獲得，體驗幸福，這是生活真諦。但這種感受、體驗容易受外界誘惑的干擾，容易淡化，容易煙消雲散。小剛看到朋友的豪華別墅之後，心理落差讓他忘記了幸福的來源——辛勤的勞動，汗水的付出，小剛全部的心思被不平衡感緊緊地佔據著。他忘記了，朋友的幸福也是朋友付出的收穫。我們是不是也常常陷入此中而不可自拔？總羨慕別人的成就，羨慕別人的擁有，而抱怨自己的平庸，抱怨自己的一無所有？

很大程度上，幸福與不幸福是通過比較產生的。當小剛看到他的朋友對他的新房子露出羨慕不已的神情，聽到他的朋友對他的能力讚不絕口的時候，小剛的幸福指數達到了頂點；當小剛看到他的朋友擁有比他好十倍甚至百倍的豪華房子、漂亮車子時，小剛幸福的指數頓時降到冰點。

不要不屑於小剛的行為，因為我們很多人都是如此。還記不記得，當十年前擁有了自己的第一隻手機時，雖然外觀不怎樣，但還是欣喜若狂，因為你是你們班第一批擁有手機的人之一，所以非常開心。後來班上拿手機的人越來越多，你開始抱怨自己的手機有多落後，跟不上潮流，於是開始攢錢買時尚流行的漂亮新手機。後來，你擁有了讓同學羨慕不已的新手機，暗自高興了好久。慢慢地同學都開始更換自己的手機，於是大家都不再互相羨慕，而是暗暗較勁，誰的更好、更先進。於是，幸福與不幸福的困惑，在大家年輕氣盛的時代此起彼伏，從未止息。

長大後，當別人擠著公車、騎著機車去上班，自己卻可以開豐田，幸福感油然而生。但當你發現周圍的很多人都有自己的寶馬、奧迪時，你發現豐田是多麼的老土，漸漸衍生的不幸感，讓你開始不停抱怨，抱怨老天的不公，抱怨命運的捉弄。豐田還是原來的豐田，但擁有它的心情卻已是天壤之別。

控制自己的抱怨心理，也就是控制自己的比較貪念，對我們獲得幸福的滿足感是非常重要的。幸福就是要體會生活，而不是剝奪生活，從複雜多變的生活中體驗收穫的快樂，體驗擁有的珍貴。常聽父母講：「這要是把你放回我們那個年代，天天吃稀飯加醬瓜，你肯定不會有這般抱怨……」當然，父母並不是真的希望我們能回到過去，體驗艱辛，而是讓我們明白擁有現在的生活真的已經是太幸福了。

試想一下，一百多坪豪華的別墅，一到晚上冷冷清清，沒有五穀飯香的飄逸，沒有其樂融融的歡笑，小剛，你願意拿家人相處的快樂，來交換一百多坪豪華的別墅嗎？沒有了家人的陪伴，沒有了溫暖的來源，任何奢侈的東西都將變得廉價不堪，就如生命只剩軀殼，丟掉靈魂一般。

所以，請停止你的抱怨吧，認真感受生活的美好，別人的再怎麼漂亮也是別人的，自己的再怎麼不好也是自己努力奮鬥得來的。始終記得：珍惜是福。

正視我們自己的抱怨心理

當我們遇到難以解決的困難和挫折時，往往內心會自覺或不自覺地產生一種欲解脫這種緊張狀態，恢復情緒平衡與穩定的適應性傾向，這是人類的一種自我保護的心理機能，在心理學上稱為——「心理防禦機制」，即拿出自己能夠接受的、不是理由的「理由」來自圓其說、自我安慰，也就是我們所說的「阿Q精神」。

阿Q精神，從另一個角度來講，就是說當我們面對困難與挫折，抱怨自己無能為力的同時，又想平衡自己不平衡的心態時，我們精神上的意志退化，自嘲地認可、接受自己的無能為力，自然就成了維護我們抱怨心理的強有力武器。說白了，具有阿Q精神的人，就是不願正視自己內心懦弱的抱怨。很多時候，習慣抱怨的人或多或少有一些阿Q式的精神自嘲。通過再次溫習阿Q的怪異行為，讓我們來看看這其中是否有我們的影子存在，讓我們來看看放棄阿Q精神，我們能不能正視我們的抱怨心理？

魯迅筆下的阿Q，其種種行為令我們驚詫。阿Q被他敬仰的趙大爺打，被百無聊賴的閒人打，被他深惡痛絕的假洋鬼子打，被他藐視的王胡打，在他擰過小尼姑的臉後，飄飄然的阿Q不由自主地向吳媽跪下求愛，又被秀才的大竹竿打。面對這一切，阿Q沒有任何辦法，打又打不過，罵也總吃虧。最後只能把憤怒轉為輕蔑，回敬對方一句：你還不配……阿Q在經歷了一次又一次的碰壁之後，由最初的或打或罵到怒目而視，再到不著痕跡的精神勝利，既然無力改變環境，那就只有消極地去適應它了，這就是阿Q的生存之道。

阿Q的生存之道，在很大程度上源於對自我力量的無法掌控，對自我弱勢的深惡痛絕，對自我現狀的強烈抱怨。然而，沒有人願意去正視阿Q的不滿情緒，也沒有人在乎阿Q的哀怨與抱怨，於是明知不可為，阿Q還是選擇而為之，把內心強烈的痛苦轉化為一種讓人啼笑皆非的精神適應，這是一種殘缺的生活適應，也是一種病態的抱怨方式。

在挨了趙太爺的耳光之後，阿Q會憤憤地想：「現在的世界太不成話，兒子打老子……」趙太爺在精神上成了地位卑下的兒子，報復的快感在阿Q身上起作用了，於是漸漸得意起來，彷彿自己真的就是趙太爺的老爸一樣。在對待男女問題，阿Q的思想與行為也是非常古怪。「凡尼姑一定與和尚私通，一個女人在外面走，一定想引誘男人；一男一女在那裡講話，一定要有勾當了。」對於這種情況，阿Q往往怒目而視，或者大聲說幾句誅心的話，或者在冷僻處，從後面擲一塊小石頭。但阿Q卻擰了小尼姑的臉，並覺得自己的大拇指和第二指有點古怪，彷彿比平常滑膩些，之後又向吳媽求愛，得到的卻是謾罵與挨打。

阿Q的精神自救策略除了受制於外部的勢力外，更重要的在於他人格上深刻的矛盾衝突。阿Q對自我的高要求，使得他不斷地在精神層面上強化自我的力量，使「我」常常會無限制地膨脹，他甚至想要做一個完人，想凌架於那些欺負他壓迫他的眾人之上，但是他頭皮上的癩子卻不能使他完美。阿Q貶低強勢群體的心理，反映了他自我的依賴性、盲從性，他想要融入其中的一種強烈願望。他實際上是認同強勢群體的存在，只不過他無法用正常的手段獲得這種地位，於是只能從精神上不斷美化完善自己想要的完美形象，即典型的「吃不著葡萄說葡萄酸」的心理。

阿Q的精神勝利法是一種無奈的選擇，雖然這種方法能夠讓他快速地恢復失去的心理平衡，但卻無法真正地救贖自己。「人生天地間，大約本來有時也未免要殺頭的。」阿Q臨死之前的領悟，使他膨脹的自我被無力的自嘲所取代了，他的精神勝利法最後還是宣告破產。

但反過來想一想，這種被他人批過很多次的精神勝利法，讓阿Q得到了內心精神上的暫時滿足，這種滿足在一定程度上又使阿Q獲得了生活的勇氣。如果沒有這種心理機制的保護，說不定在當時惡劣的環境中，他早就自殺了。也就是說「吃不著葡萄說葡萄酸」的心理，從某種角度來講是一種心態良好的表現，有助於化解目前面臨的困境。

雖然魯迅先生筆下的阿Q是一個虛構的形象，但是透過這個虛構的人物，在這種鏡鑒中，我們還是可以深刻揭示出自我靈魂的暗影來。

在我們日常生活中，當我們面對挫折或困境的時候，來點阿Q精神，有時對於問題的解決是很有幫助的。例如競選失敗，不妨這麼想：「先讓他體驗體驗，就當是我上任前的一個實習好了！」；沒有考上重點大學時，「這樣更好，重點大學裡面競爭壓力那麼大，還不如輕輕鬆鬆在一般的普通大學學呢！」等等，這樣想有助於減輕失敗所帶來的痛苦，更能輕鬆面對自己即將體驗的生活。

「百年人生，逆境十之八九。」阿Q如果總是為其受辱或遭遇不公尋找理由，並為其開脫的話，那麼他就太可悲了。我們如果只是沈溺挫折之中，不懂得排解，那麼心理壓力，總有一天會把我們擊垮、擊碎。

但挫折、困難這顆酸葡萄，不會因為你吃不著就變味。壓力讓你產生的抱怨心態，在很大程度上，能夠減輕你面對挫折的痛苦，但絕對不會使痛苦消失。一味地以阿Q聊以自慰，實際上是自欺欺人，最後可能喪失繼續積極向上的動力，反過來講會造成消極的影響。面對挫折，我們更應該做的是正確地分析失敗的原因，是自身不夠努力還是外在因素的影響？找到問題癥結之所在，積極加以改變，正確看待前進道路上遇到的各種障礙，合理地認識自我才是真正解決問題的有效方法。

「睜眼看外面的世界很容易，但靜下心來好好看看自己的世界，卻不是輕易就能夠做到的。」所謂「旁觀者清，當局者迷」即是說此。看清楚自己不容易，正視自己不想認可的消極心態更是不易。面對發生的問題，不要去抱怨，不要去掩飾自己的弱勢，不要自欺欺人。要正視自己，即使是錯了也要學會面對，因為這是改正的前提條件。果斷地放棄阿Q精神，才是自我健康成長的最有效方式。

學會應對他人的抱怨

不久之前，小雪的朋友婷婷失戀了。一段只維繫了不到兩個月的戀情，就以男孩的出軌而宣告夭折。婷婷說：「分手了，卻沒有痛哭的渴望，更多時候是想哭哭不出來的壓抑……」婷婷釋放情緒的方式是訴說，向周圍的人抱怨，熟悉的，不熟悉的，認識的，不認識的，只要是接近她的人，都難逃被當成「垃圾桶」的命運。

小雪靜靜地、用心地傾聽婷婷的訴說，沒有絲毫的怨言。「爲什麼要放棄我？我到底做錯什麼了？爲了配合他，我可以不做我自己，爲了配合他，我可以放棄我自己。這麼短的時間，他了解我嗎？爲什麼他就不能試著站在我的立場，爲我想想呢？……」婷婷沒有哭，但卻抑制不住地反覆抱怨著對方的過錯。

作爲婷婷的朋友，小雪無法漠視婷婷無休止的訴說與哀怨。

美國著名的成功學大師卡耐基曾經說過：當一個人訴說自己的想法、困惑時，即使你對他的論點不加讚揚，也要克制心中的衝動，千萬不能中途插嘴，打斷對方的話。因爲，此時此刻對方眞正關心的並不是你的想法如何？而是自己心中的困惑是否毫無保留地得以宣泄。這個時候，最明智的做法就是把說話、表現的機會，讓給對方，做一個完全的聆聽者。

小雪明白聆聽者的重要性，所以最初的時候，小雪總是無條件地傾聽婷婷諸多的抱怨與悔恨。但當小雪聽明白整個事情的眞相之後，她發現婷婷抱怨的一切是那麼的不切實際。一味地怨恨對方，一味地責怪對方，卻不從自身尋找原因所在。

經過多日的情緒發泄，小雪認爲如此地放縱婷婷，實際上是給予她某種程度上的認可與支持，認可她錯誤的做法，支持她對對方的指責與批評。如果繼續這樣下去，婷婷將永遠認識不到自己的錯誤所在。

婷婷是個又漂亮又有氣質的女生，也正因爲這樣，她的個性要比一般人高傲許多，自我許多。小雪本著爲朋友好的意圖向婷婷勸說道：「沒有一個人能夠容忍他人來操縱自己的生活與思想。從一開始你渴望戀愛的心理就已經決定你的戀情要由你來操控，遇到了他，你處處表現主動。然而在過程中，你希望對方來引導你，但你一開始的表現就已經表明了你是船長，不是舵手，無論舵手駛向哪裡，沒有船長的口令，航線始終沒有方向。男生天生有保護女生的責任、權威，當這種權威遇到了更強的權威時，他只會無力，想愛卻又無力去愛，所以，最理智的方法就是——分手。」

分手了，婷婷沒有哭泣，只有抱怨。她的行為意圖只是在向眾人表明：這不是我的錯，完全是他的錯。一方面為自己的心理癥結找充分的理由，另一方面又能重新獲得甚至控制眾人注視的目光，所以她不遺餘力，不厭其煩地一遍一遍地訴說著自己感情挫敗的無辜。在這個過程中，很值得注意的是，她不停地強調對方是如何如何地愛她，喜歡她。實際上是用掩飾的手段來補償自己控制的失敗，她只是在保護自己而已！

小雪認為，婷婷的童年期肯定經歷過一些創傷性事件，這些創傷性的事件由於沒有及時處理好，而造成她不安全感因素的滋生。面對這種困境，她適當地利用了心理防禦機制——控制，使自己免受心理痛苦。但是，一個人如果習慣用心理防禦機制的手段去處理問題，結果反而會更加重自己的心理痛苦。

心理防禦機制有一個本質特徵，就是逃避真實，否定真實的心理感受，歪曲造成痛苦的客觀事件。控制的欲望導致她感情的失敗，習慣採用的心理防禦機制，讓她不停地向外界訴說，把責任歸之為對方的過錯。

在婷婷意識表層她並不知道自己正在做什麼。而控制欲望的來源，正是她幼年期的不安全感所導致的。她期望通過自己掌握主動，從而使自己心理免受傷害與痛苦。但是當她遇上一個同樣具有操控欲望的對象時，這種尋求安全的方式就會失效，所以分手就是必然的。

回想一下，你周圍有沒有這樣一些習慣抱怨，習慣哀怨的朋友呢？你是他們最親密、最知己的好友，面對好友瑣碎、無趣的怨天尤人，你會怎麼做呢？是把說話、表現的機會讓給好友，自己甘願做盡心盡情的聆聽之人，還是及時制止好友，以防其陷入「抱怨輪迴」的漩渦中呢？

很多人面對朋友的困惑與苦惱，總急於解救好友於水深火熱中，所以在朋友訴說完之後，立即滔滔不絕說個沒完，絲毫不給朋友表達自己想法的機會。本來朋友是想發泄心中壓抑已久的哀怨情緒，現在看來談話已經成為對方的舞台。也許，你講得合情合理，分析得頭頭是道，但過多地介入朋友內心的傷痛，朋友抱怨的籌碼就又多了一項。

所以，幫助朋友梳理心中的困惑，給朋友一個抱怨的機會，從某種程度上來說有利於朋友情緒的疏泄。然而，當一個人抱怨的心理得到了你默默的支持，就像溺水之人抓到一根救命的稻草一般時，滔滔不絕的責怨就會越來越嚴重。

因為在抱怨的過程中，人們的眼睛往往會被憤怒的情緒給遮擋，看不到事情的真實面貌，只知道自己是世界上被拋棄的人，受傷嚴重的人，而忘記了受傷的根源，其實是在於自己錯誤的理念。發現花生有325種用途的美國化學家喬治．華盛頓．卡佛說：「99％的失敗是由習慣找藉口的人造成的。」這話有其一定的合理性。

也許，有人會說，抱怨的人情緒發泄出去了，真理也就隨之清晰可見了。對於明智的人來說，確實如此。但反過來，明智的人也不會滔滔不絕地抱怨，怨天、怨地、怨命運。所以，任何事情都有其合理性。

面對尋找精神支持不停抱怨的朋友，作為他的好友，你不能坐視不理。在他情緒宣泄之後，要及時幫助他理出挫折的本源是什麼，要讓朋友明白自己抱怨為哪般，能夠心中開朗。

以身作則的力量

美國作家威爾．鮑溫曾在《不抱怨的世界》中講過這麼一個故事《四個約克夏人》，這個短劇精彩又有力地諷刺了我們如何習慣成為一個抱怨的人。要學會從抱怨的競技場中淡然退賽，那我們就先從《四個約克夏人》中開始吧。

四位嚴謹優雅的約克夏紳士坐在一起，品嘗著昂貴的紅酒，暢談著生活的所見所聞。剛開始大家的談話都是積極正面的，大家舉手投足之間無不透露出優雅紳士的品位與感覺。隨著時間慢慢的流逝，大家的談話越來越沒意思，也越來越沒意義，從其中一位紳士抱怨之前的困苦生活開始，大家你一言我一語地隨之附和，並開始極力地回想自己過去的不幸，互不服輸的心理驅使著這四位優雅的紳士，彷彿只有我的不幸超越了你的悲哀，那麼，現在的我就是最幸福，最驕傲的人了。於是，情況一發不可收拾。

品嘗著昂貴的紅酒，第一個人不無感慨地表示，幾年前他能買得起一杯茶，就算很好的運氣了。第二人一聽，這還得了，「我能喝到一杯茶就算很慶幸了。」第三個人心想：「這不是在向我炫耀你們現在有多麼的成功嗎？」於是緊接著以一種無比悲哀的神色說道：「你們這算什麼，我當時住的房子有多破爛，你們知道嗎？」另一個約克夏人眼珠一轉，「有房子住已經很不錯了，我以前住的那小房子裡，一共有26個人呢！家具什麼的全都沒有，幾乎可以算是家徒四壁了，而且四處是窟窿，陷阱，我們總擔心半夜會掉下去，於是緊緊地縮成一團窩在角落裡……」

「好歹你們還有房間住呢，我們以前都是窩在走道裡的……」、「我以前還夢想能住走道呢，我們之前都是住在垃圾場的舊水箱裡的，每天早上醒來，垃圾早已堆成厚厚的『棉蓋』」「噢，這樣啊，那我更可憐，我以前的房子只是地上的一個洞，用防水布蓋住，對我來說已經很幸運了。」、「唉，我們住在洞裡，還被趕了出來，沒有地方可去，只好住在湖裡……」、「你有湖住算幸運了，我們幾百人住在馬路中央的鞋櫃裡……」

就這樣，此起彼伏，哀怨的聲音持續不斷地穿透整間餐廳……

這時，一位路過約克夏人餐桌的陌生人，停下來，哀怨道：「你們說的，我都能理解，可你們知道嗎？我才是世界上最不幸的人：我得在晚上十點鐘起床，在磨坊裡每天要工作將近二十個小時，賺來的錢還要全數付給磨坊老闆，請他准許我來繼續上班。我還不能回家，因爲回家之後，我的爸爸媽媽會拿刀殺了我，然後他們在我的墳墓上大唱『哈利路亞』……」

這位陌生人講完之後，看了看四個約克夏人，只見他們目瞪口呆，啞口無言，端起的酒杯靜止在他們的唇邊，只有裡面的紅酒還在訴說著它們的驚惶失措……

如果你是路人，聽到這場精彩絕倫的哀怨聲，你會怎麼做？你想贏得這場抱怨比賽嗎？那好，你去吧，繼續抱怨，直到每個人都放棄，宣布你是全世界最厲害的抱怨鬼，只不過你丟掉的是良好的人際交往罷了。當你們還在熱切的抱怨著自己的曾經是多麼多麼的不幸時，眾人的目光此時此刻可能還會停留在你身上，但抱怨完之後呢？誰還會知道你？誰還能真誠地記住你？人們記住的只不過是一個怨天尤人，不務正業的偽君子，你真的希望自己是這樣的人嗎？

也許你會說，這個故事完全就是虛構的嘛，誰會這麼無聊想像這麼無聊的情節啊？如果是這樣的話，那請你靜下心來仔細想想周邊發生的小事。要好的幾個朋友聚在一起，談天說地。這時你的一位朋友突然講起了幾天前發生的不幸事件：在網上買了一箱咖啡，咖啡收到之後卻發現有幾個瓶子碎掉了，咖啡裡全是玻璃渣子，貨運公司對此概不負責。之後又去找網路商店老闆要求賠償，可對方的回覆猶如石沈大海。於是朋友大罵老闆的黑心，貨運公司的不負責任，一直抱怨自己衰到頂點。

之後，是不是有人會說：對啊，對啊，現在網上購物真的很不安全，東西買來之後才發現質量不好，想退貨老闆卻說拆封了，不給退，心裡真是難受到極致……這時又有朋友接上話題，「上次買了一隻手機，剛拿到貨時感覺還不錯，還給了個好評，可到晚上充電時，卻發現怎麼也充不進去，憤怒之餘，找老闆理論，對方說寄回來看看，結果就石沉大海了，你們說我是多麼的不幸啊……」

你也曾遇到過類似不好的事情，也曾被騙，也曾心裡哀怨過，這個時候，你會接上話題繼續抱怨嗎？我相信大部分人會這樣做的。但問題是，抱怨完之後呢？問題得到解決了嗎？更為有趣的是，還不到兩天，抱怨咖啡瓶碎掉的朋友收到了網店老闆寄來一箱咖啡，還附帶了贈品，這個時候，這個朋友又該如何面對之前的指責與抱怨呢？

威爾．鮑溫說過：抱怨是最消耗能量的無益舉動。很多時候，我們對生活中發生的困難與挫折，難以抵擋的誘惑，發出質疑的怨聲。抱怨給自己聽，尋找垃圾桶抱怨給他人聽。我們自己的抱怨帶動了周圍他人的抱怨，此起彼伏，接連不斷，聲音一浪高過一浪，好像這個世界上除了自己已經再沒有更不幸的人了。可有用嗎？如果你把抱怨的聲音轉化成請求的聲音，如果你把對老天的抱怨換成祈禱的祝願，如果你把對他人的指責換成真誠的建議，那麼，相信你的生活會大不相同，因為你敞開心懷接納了你自己，接納了你周圍的世界。

屬於自己的不抱怨的世界

還記得二〇〇八年春節聯歡晚會上，那位聲情並茂地演繹自創歌曲《期待》的盲人男孩嗎？那位惟妙惟肖、難辨眞假地模仿單田芳、曾志偉、劉歡等明星的音樂天才嗎？他的音樂才華、他的模仿能力，讓每一位觀眾傾倒、讚嘆不已！曾有人這樣評論——「他模仿的曾志偉比曾志偉本人更像曾志偉」。

他，是楊光，來自哈爾濱的北方漢子，是一位盲人，更是一位天才。他的自創歌曲贏得了無數人的歡呼與掌聲。深情的《期待》打動了挑剔的春晚導演組，讓億萬電視觀眾記住了他。他為殘奧開幕式創作的《歡聚北京》成功入選，成為開幕式歌曲之一。他還是光榮的殘奧火炬手。同時他也是一位非常棒的鍵盤手，他的口琴吹得也相當有水平。他是個音樂天才，他更是一位模仿天才，他能非常精準地抓住每個人的聲音特點，如歌唱家劉歡，著名的相聲演員馬三立，我們耳熟能詳的影視演員文興宇、曾志偉，說評書的單田芳，他把他們最有特色的聲音提煉出來為他所用，所以他的表演比被模仿之人的表演更逼眞，更絕妙，更深得人心。

如果這些才華發生在一個正常人身上的話，我們除了欽佩就是讚嘆。但楊光不是正常人，他是一位生活在黑暗世界的盲人男孩，所以我們不僅驚嘆，更是感動。楊光出生剛剛八個月，便因視網膜母細胞瘤而徹底失去了視力，當他還在襁褓中嗷嗷待哺的時候，就走進了黑暗的世界，在他的腦海中沒有任何關於他生存的世界的點滴影像記憶，也沒有任何色彩斑斕的體驗與感受。也許正因為這樣，所以楊光對聲音特別敏感，與其說是他與生俱來的音樂天賦，不如說是命運給他的一份特殊禮物。

我們都相信，上帝在關閉一扇門的時候，他必定會給你留一扇窗。錢鍾書老先生說過，有了門，我們可以出去；有了窗，我們可以不必出去。窗打通了人和大自然的隔膜，把風和太陽逗引進來，使屋子裡也關著一部分春天，讓我們安坐著享受，我們無須再到外面去尋找。因為上帝開小差，楊光從小就失去了觀看五彩繽紛、色彩斑斕的天空的機會，但上帝並不吝嗇，她留給了楊光敏銳的聽覺，讓他享受春天風的自由，陽光的溫暖，這又何嘗不是一種補償呢？

失去門擁有窗的人，是否能夠盡情享受到這份自由，這份溫暖呢？我想，能夠做到的人不多。但楊光做到了，他經受了常人難以承受的痛苦，他付出了常人付不出的淚水與汗水。所以，當楊光站在星光閃熠、萬丈光芒的舞台上自豪地說：「雖然我的名字和我的自身條件有很大差距，但我成功的標準就是把快樂、溫暖傳遞給我的觀眾。誰又能說我不是真的陽光？」的時候，台下的千萬觀眾又怎麼不感動落淚呢？

儘管眼睛看不見，但楊光依舊堅持做自己力所能及的事，從很小的時候，他就自己穿衣、穿鞋、上廁所，而且不用拐杖。剛開始的時候，楊光總是摔跤，但倔強的楊光從不放棄，他一點一滴的記憶周圍的環境，左幾步右幾步前面是什麼後面是什麼，他都要記得清清楚楚。這對眼睛正常的人來說是絕不可能做到的事情，但楊光做到了。當楊光像正常人一樣自信滿滿地走上《星光大道》時，觀眾是否認真想過，他是靠什麼走完這段路程的，就好像他腳底長眼睛一樣？《星光大道》分為四層，楊光在正式上台之前，靠著感覺一遍一遍地練習走台，直到他可以憑記憶準確地辨別方位，並向現場每一面的觀眾行禮。

門是人的進出口，窗則是天的進出口。楊光用自己不懈的努力與堅持，告訴世人正常人能做到的，盲人同樣也能夠做到，而且做得更好。儘管付出了很多，但楊光真的做到了。在屋子裡，窗引誘了一角天進來，馴服了它，駕馭了天，於是可以自由呼吸。

如果換做是我們失去了靈動的雙眸、失去了敏銳的雙耳、失去了講話的機會，我們會怎麼樣？我們有繼續對抗挫折、困難的勇氣嗎？我們會撐開折斷的羽翼繼續飛翔嗎？

卡繆在《異鄉人》裡寫道：「仰望灰暗的天空，閃爍著星座與星辰，頭一回，我的心向宇宙善意的冷漠敞開。」宇宙善意的冷漠就在於關門開窗的人的不可控性，但星辰是一樣的，光亮是一樣的。什麼時候擁有一個不抱怨的世界原本就取決於你自己，開啟的鑰匙從來就不在上帝的手裡。希望楊光的人生故事能夠讓我們警醒……

第2章
最徒勞的心理——悔恨

心理學家認為，悔恨是一種沒有盡頭的「本來可以怎樣怎樣」的循環，使我們糾結於對往事的追憶當中。悔恨的感受是痛苦的，因為痛苦的來源有兩個朝向，一個指向外，一個指向內。指向外的那一端讓悔恨的人感受著「被恨」、「被鄙視」的痛苦；指向內的一端讓悔恨者感受著「施恨」的苦楚，因為錯誤已經發生，他恨的只能是他自己。內外兼具的痛苦是雙重的，無法消除。俗話說得好，世界上除了沒有後悔藥，什麼藥都有。所以，悔恨是一種徒勞的心理。

悔恨是怎麼產生的

「生當做人傑，死亦為鬼雄。至今思項羽，不肯過江東。」宋代女詞人李清照直白幹練地為西楚霸王項羽吟唱心中的感慨與不解，成為流傳千古的經典頌歌。

西楚霸王項羽以一己之力舉起千斤重鼎，其勇猛為天下百姓所敬仰；憑自己豪爽的個性闖蕩天下，結交了眾多能人義士；他在推翻秦王朝的過程中建立了不朽的功勳，成為一代豪傑；戰場上的他驍勇善戰，義氣沖天，他的戰功曾顯赫一時；他大敗漢軍，曾逼得劉邦四處逃竄，幾次三番地丟妻棄女，狼狽至極。《史記·項羽本紀》中記載，項羽瞬目叱敵，敵將「目不敢視、手不能發，遂走還入壁，不敢復出。」

項羽的勇猛善戰，義薄雲天讓他在後人的心中留下不滅的印跡。但千百年來，人們更為疑惑的是——項羽為何會敗在草寇出身的劉邦手裡，並搭上了自己的性命？他為何寧死也不肯過江東？「力拔山兮氣軒昂，滅強秦兮在疆場。時不利兮烏江上，烏騅鳴兮空悲傷。」這巨大的反差，讓人們難以理解，難以接受。

司馬遷在《史記·項羽本紀》中是這樣記載的，項羽之所以自殺而不肯過江東，是因為自己羞於見江東父老。項羽被劉邦的軍隊追趕，逃到烏江江邊。只要過了烏江，就可回到江東老家。江東雖小，地不足千里，人不足十萬，但也足夠使項羽成為江東之王了。渡江的船也早已準備妥當，項羽只需跨出一步，他的人生從此就可改寫。

面對眾人的勸慰，項羽無不傷感地說：「天要亡我，我為何要渡！想當初我與江東八千子弟一起出去打拼，如今除了我之外，無一人生還。縱然江東父老能夠原諒我，依舊擁護我為王，但我又有何面目見大家呢？事情到了如今這般地步，我是多麼悔恨啊……」之後，項羽自刎於烏江江邊。

《史記》一直被世人認為是歷史史料最權威的記載，司馬遷的描述又帶有非常濃厚的感情色彩，所以後人認為項羽雖窮途末路，但英雄本色依舊。後來的一些史學學者通過分析項羽的性格特徵，對這個記載提出了很大的疑問。呂叔湘先生認為，項羽的鬥爭哲學是「非我即他」，也就是說，當他勝利的時候，他要把敵人徹底消滅，而當他受阻的時候，他甘願毀滅自己，這是一種既不委屈自己，又能成全別人的選擇。

當他為什麼要在這個時候成全劉邦呢？他為何悔恨呢？項羽在自殺之前曾遭遇了無數次的失敗，被劉邦軍隊重重包圍，他最愛的女人虞姬因此而自殺身亡，他的軍隊潰不成軍，一盤散沙，那時候他沒有自殺；他受到農夫的欺騙深陷沼澤，狼狽不堪，他沒有想過自殺。這些失敗讓他極端窘迫，但項羽沒有悔恨，沒有退縮，更沒有放棄重建山河的氣魄。被劉邦大軍追趕，項羽設計的逃跑路線表明他要退守江東了，可就在將要成功的那一刻，項羽選擇了——放棄。

統領千軍萬馬的項羽絕對是個堅強的人，他有著收復山河的雄心壯志，只要過了烏江，希望就會重生。生命力旺盛的項羽為什麼會心中愧疚，為什麼會心中悔恨？他的無顏回江東，到底包含了怎樣的悔恨心理呢？

項羽的勇猛，項羽的豪放，與他高傲的自尊並不相互衝突。或者從某種程度上來講，他之前的種種戰績更是讓他產生了深深的驕傲與自豪。過江為王？當時從這裡信心百倍地領著幾千兄弟，風風光光地離開，可是現在呢？他被敵人窮追不捨，當初與他一起離開的兄弟，都已經成為刀下魂了，他甚至連他最愛的女人都沒有保護好，他這般的窩囊，如何再見寄予他希望的父老鄉親啊？烏江還是一樣地流淌，靜靜的，烏江的對面是他曾經許下承諾的地方，是他立誓的起點，是他內心柔軟的一角，他卻沒有執行到終點。他高傲的自尊讓他無法面對心中的軟弱，想了無數次的面對最終在面對的時候失敗了。項羽用死維護了他高傲的自尊，也用死逃避了面對失敗的勇氣。

越是高傲的人，失敗的時候越是悔恨。「如果當初怎樣，如今也不會落得這般……」「如果上天再給我一次機會，我一定不會這樣……」悔恨無法讓失敗的人低下他高傲的頭顱，寧為玉碎不為瓦全是項羽的堅守策略，也是項羽的致命弱點。悔恨是一種徒勞的心理。對高傲的人來講，悔恨是致命的，面對過去的失敗，恨是痛苦的。解決這種恨的方式又是極端的。

我們身處和平年代，無法深刻體會項羽當時的人生歷程。然而，在現實生活中，高傲地堅守自己的策略方針，固執地堅持自己的生存理念，即使預感到要失敗，他們高傲的姿態，也不允許他們承認失敗。所以，當失敗不可避免地降臨到他們身上時，他們注定是要付出血的代價。

了解悔恨的真正含義

不管是遠古時代的項羽，還是現代生活中的企業，到底是因為高傲的姿態而悔恨，還是因為悔恨而必須撐住高傲的姿態？這需要我們對悔恨能有個清晰的界定。

某天，阿雷剛從賭場出來飢餓難耐，看著街邊路攤上香噴噴的包子、烤串，他熱切的目光火熱地注視著，他多麼希望包子老闆能夠大發慈悲地給他兩個。可是，包子老闆看到穿著不潔、頭髮亂蓬的阿雷，就如看到討厭的蒼蠅一樣，揮手一擺，「又輸錢了吧？去，別在這晃悠，免得影響我做生意！」

阿雷已經好幾天沒吃過東西了，他實在是太餓了，可是身上的錢昨天晚上已經全部輸掉了，又不敢回家面對妻子的質問。現在又被一個包子店老闆當乞丐般地嫌棄，阿雷非常痛恨包子店老闆「狗眼看人低」的姿態，一怒之下，瞅著老闆進裡間的空檔，跑過去端起一籠包子就跑。這時老闆大喊：「抓小偷，快抓小偷啊！」阿雷被正在巡邏的衙役逮了個正著。面對衙役和老闆的迎面指責，阿雷羞愧難當！

羞愧不是悔恨！羞愧是輕度的心理症狀，是對之前行為感到懊悔，認為自己確實做錯了。但是這個錯誤阿雷認為並不是很嚴重，只是有稍許的心理不適。而且他也不渴望彌補自己的錯誤，而是希望這個事情趕緊過去，他就能逃開現在的尷尬。所以，羞愧是出於直覺上的一種尷尬，沒有理性因素的作用。他通過直覺感受到自己行為的失誤，並產生不自覺的懊惱、害羞等感覺，是人內心潛藏的善本能起作用的結果。

如果阿雷所處的時代是非常注重禮教、道德、良知的社會，那麼阿雷的偷竊行為就會被社會看做是非常嚴重的錯誤。衙役和老闆不僅要對他迎面教誨，還要把他關進牢房痛打幾十大板，面壁思過，加以懲罰。被關進牢房的阿雷就不僅僅是羞愧了，他還會強烈地懺悔。

懺悔是嚴重的心理症狀，阿雷為自己的錯誤行為感到極端地愧疚，認為自己犯了不可饒恕的罪過，為此阿雷承受了巨大的心理煎熬。他希望彌補自己的過錯。如果他被放出去的話，他發誓將會好好做人。他會戒賭，他會努力地生活，他還要向妻子認錯，請求妻子的諒解。懺悔是理性層面上的懊悔，是一種明確的贖罪意識，是出於人的理性思考，是自覺承擔自己行為的後果，是人的良知作用的結果。懺悔往往經過了情感的洗練，上升到靈魂的感悟。

介於羞愧和懺悔之間的就是我們談論的主題——悔恨。悔恨既不同於羞愧，也不同於懺悔。羞愧和懺悔都含有精神蘇醒的成分，而悔恨直接源於事情最初的動因。如果阿雷偷包子的行為是為了解決飢餓問題，那麼被逮住之後，他就會產生羞愧感。他會覺得不好意思，他可能以後不再這樣做了。如果阿雷還感到了懺悔，那麼他一定會深刻反思這件事情的嚴重性。如果阿雷最初是為了報復包子店老闆對他人格的侮辱，那麼，他被抓以後，感覺到的是深深的悔恨感，他覺得自己剛才做得不夠，偷兩個包子根本報復不了店鋪老闆，還把自己搭了進來，他應該親手宰了那個傢伙才可泄憤。所以，悔恨具有模棱兩可的感情，在取向上具有雙重性。

悔恨是感性層面的懊悔。悔恨不涉及價值判斷。一個暴打妻子的丈夫感到悔恨，有可能是因為這樣懲罰紅杏出牆的妻子還遠遠不夠，也有可能是因為他感覺他給予妻子的懲罰過於重了，面對傷痕累累的妻子他很懊悔。至於這樣懲罰是不是合乎法律的規定，在道德良知上是否被大眾所接受，這不在悔恨考慮的範圍之內。所以悔恨的人可能是出於純粹的感性，也有可能是帶有簡單理性因素的懊惱成分。

再回到項羽的話題。因「無顏見江東父老」而自刎於烏江江邊的項羽，不是出於對江東父老的羞愧，也不是因為沒有完成雄心壯志而產生的懺悔，而是悔恨，深深地對自己的恨。成千上萬的江東子弟戰死沙場，面對亡魂項羽沒有什麼值得好羞愧的。曾經叱吒風雲，一掃秦軍戰隊，打得劉邦無處躲藏，為了天下百姓而戰，項羽沒有什麼好懺悔的。項羽是悔恨啊，勇猛善戰，力敵千鈞的西楚霸王如今成了喪家之犬，他為自己的命運感到悲哀，他悔恨當初沒有聽取亞父范增一舉消滅劉邦的勸說，而憤恨難平。

項羽的悔恨是純粹的感性。項羽的悔恨是向下墜落的，他不會從這種感覺中獲得精神上的提升。相反，他沈淪在對失敗的反覆體驗中不可自拔，並把這種體驗絕對化。從表面上看，悔恨者是對自己的抱怨，具有自我歸咎的傾向。

事實上，在這自我歸咎的傾向下埋藏著的是對他人的懷恨，是遷怒於他人的衝動。雖然是自己犯錯了，但犯錯卻是偶然的，可能是受環境的影響，也可能是受別人的誤導而衝動所為。比如阿雷對包子店老闆的報復行為功虧一簣後，產生的悔恨就是一種純粹的感性認識。他一開始不會為自己的行為羞愧，更不會懺悔。

然而，羞愧和懺悔的人很少會把自己的錯誤歸咎於他人。他們把自己過失的行為完全歸咎於自己，從理性分析中獲得反思。經過負疚感的洗練，對錯誤的自我進行發自肺腑的勸誡，從而轉為積極的預防。阿雷因為飢餓難耐偷店鋪老闆的包子，而被官差衙役抓獲，在老闆和衙役的感化教育之下，阿雷羞愧難當，認識到偷竊行為的不恥而產生良知上善本能的蘇醒。從此，提升自我，好好生活。

試想一下，因為你的疏忽大意或者小小過失，你奮力拼搏的目標就此與你擦肩而過，你會有何感受？如同一個旅行者，一路追跑奔向期望已久的目的地，當他精疲力竭不得不停下休息的時候，卻發現目的地不在前方，而是在他身後很遠的地方，他早已越過了目的地。長時間的奔跑讓你筋疲力盡，再也無力返回，況且即使你返回，目標也早已被他人所得。如果原地休息，又會引來狼、虎，繼續往前走，就是萬丈懸崖峭壁。想想你就是這位旅行者，失去目標，痛心嗎？永不再現的良機，懊悔嗎？這就是悔恨，痛心加懊悔……

自省與徒勞的區別

不管是因為飢餓難耐而偷食，還是因為店鋪老闆的無情羞辱而偷食，阿雷的行為都沒有得到大眾的諒解，於是他被官差衙役抓是理所當然，被店鋪老闆鞭打責罵是合情合理的。不管過程怎樣，也不管方式怎樣，阿雷都受到了內在自我的強烈指責，只不過一個指向於外，一個指向於內。

錯誤行為已經造成，指向對店鋪老闆的仇恨，讓阿雷失去擦亮雙眼的機會，這時的悔恨是帶有仇恨性質的悔恨。阿雷把偷的行為當作打擊包子店老闆的手段，當作滿足自己仇恨欲望的手段，所以阿雷的悔恨是徒勞的。因為他被衙役抓起來了，他沒有實現自己復仇的渴望。於是後果更為嚴重。可能在他出獄之後，他會變本加厲地想盡一切辦法尋找復仇的機會，重重地打擊給予他痛苦的對象。

錯誤的出發點導致錯誤的行為，錯誤的行為錯誤的反思，就是一種徒勞的悔恨，它讓悔恨者不斷地墮入無底的深淵。這也是為什麼有過牢獄之災的人，犯罪的機率更大，因為他們的報復心更強。他們的悔恨在於欲望的不滿足。如果錯誤的出發點是由這個人的人格所決定，那麼他是無藥可救的，等待他的將是法律的終極裁決。但這並不是我們要探討的重點。

如果阿雷的錯誤行為是由他錯誤的認知所導致，即人們應該對落魄者給予某種同情，而不是冷冰冰的侮辱。老闆不合理的態度激起阿雷衝動的情緒，他衝動的行為受到了殘酷的懲罰，使他明白這樣做的不合理性。這時的悔恨是自省的，是指向自我的，是自己錯了，與他人無關。衙役對阿雷的懲罰是對他的再教育，讓他明白責任與權力的存在，讓他明白只有靠合理的手段，才能得到合理的結果，讓他明白自食其力的必要性。那麼阿雷出獄後，可能會奮發圖強，積極向上，不僅解決自己的溫飽問題，而且還廣發善緣，救濟百姓，為後人所歌頌。

錯誤的認知導致錯誤的行為，錯誤的行為正確的思考，就是一種自省的悔恨。這種悔恨帶有自我提升的性質。從錯誤中學習，且不斷淨化靈魂的污點，容易讓人進入廣袤天地。這也是法律存在的基點，監獄存在的合理性。從牢獄中走出來的很多人，更懂得生命的意義所在，對人性的理解更加深刻，他們學會了珍惜，學會了付出，這就是自省的力量。

很多事情只有自己真正經歷過了，人才會真正地成長。積極地預防錯誤的發生，才能有效制止徒勞的悔恨。千萬不要從錯誤中感受滿足，否則面對最終的失誤，自省也只能是徒勞的慰藉。

人無完人，錯誤誰都會犯，但從一開始的錯誤中積極主動的反省自己的所思所想，我們才會不斷地成長，不斷地提高，才能防止更大錯誤的發生，悔恨才不會變成無意義的感傷。

從悔恨中感悟人生

父親，這個在小雨生命裡只有悲哀與可恨的人，現在已經徹底從她的生命裡消失了。從小雨的內心裡來說，無所謂緊張，也無所謂輕鬆，但偶爾會想起，會沈思這個讓她漠視了二十幾年的，在血緣上被稱爲父親的人。

小雨從小生長在一個暴力家庭中。父親是一個長期酗酒的酒鬼，沒有工作，沒有責任。母親默默地扛起了照顧整個家的重擔，早出晚歸，日夜辛苦。在小雨的記憶中，工作了一天、累得直不起腰的母親，回到家裡還要忍受丈夫的拳打腳踢、冷嘲熱諷。之後，母親看看驚慌躲閃的小雨，無奈地苦笑一聲，「沒事，別怕！」再默默起身，給小雨煮飯做菜。臉上、身上渾身是傷的母親，在黑夜中無聲哭泣的場景，深深地印在了不懂事的小雨記憶中，那麼清晰，那麼深刻。

長大後的小雨，早已經習慣了支離破碎的命運捉弄。她把所有的精力，所有的時間全部用在了學習上，發誓要走出一片屬於自己的天空，好讓母親和她離開這個冰冷的地方。小雨的父親依舊無所事事，依舊喝得爛醉如泥，依舊對小雨的母親拳打腳踢。之後，在小雨的誓言還沒有實現的時候，無法忍受這樣人生的母親，選擇了決然的離開，丟下了她一生不捨的牽掛。

母親的出走，讓父親頓失一切，如同行屍走肉一般。長大後的小雨也沒有留在家裡，高考後，帶著對父親的不解與怨恨，小雨開始一個人生活。逃離曾經的傷痛是她遠走他鄉的最強烈念頭。父親、母親和小雨就這樣天各幾方，一晃就是十年。期間小雨與母親也有一些聯繫，但更多時候是雙方的沈默。母親有時也會談到父親，但倔強的小雨，還是殘忍地打斷了母親，她不想再聽到有關父親的任何信息。

小雨最後一次聽到父親的消息是父親走了，下落不明，生死不明。一向堅強的小雨，突然變得軟弱無力。小雨的腦海中不時浮現出父親的不同表情：冷漠的嘴角上揚，得意的笑，吱吱的聲音刺穿天際的耳膜，像是在諷刺小雨的冷漠；冰冷絕望、彷徨無助的面孔，像是在乞求小雨的原諒；緊皺的眉頭、抱緊的雙臂，像是在呼喚，又像是在贖罪；更多時候是一張慈祥安和的神態，目光柔柔地注視著小雨，不言不語，像是在鼓勵，之後緩緩向後退去，只留下片縷氣息，之後猶如一股輕煙消失得無影無蹤。

多年來，小雨一直戴著堅強的面具堅強地活著。從很小的時候，父親就已經把小雨渴望的溫暖，殘忍地剝奪了。沒有了安全的呵護，剩下的只能是冷漠的支撐。但內心對父親的渴望卻是如此的強烈，以至於小雨在聽到父親離去的消息時，突然倒下。小雨忽然明白了，作爲父親，他沒有盡責盡職，但作爲子女，她也沒有盡孝；她比父親更壞，更冷漠。她從來沒有試著理解這個生他養他的人，也從來沒有給過讓父親溫暖自己的機會，到底是父親剝奪了自己想要的溫暖，還是自己撕毀了溫暖傳遞的渠道？小雨陷入了深深的悔恨中……

父親依舊是父親，是生你養你的人，無論你怎樣逃避，血緣注定是牽連，割不斷，扯不開。曾經的痛苦記憶小雨如今回想起來，就好像發生於昨日一般，那麼清晰。然而，時間的年輪碾過痛苦的記憶，卻碾開了真理。

從小看到的、聽到的、體驗到的痛苦，未必就是真痛苦，因為我們關注的總是我們自身，我們習慣為我們自己打抱不平。在痛苦的邊緣中，我們總認為自己才是世界上最不幸、最痛苦的人。殊不知痛是互相的力，你痛，對方也會痛，也許他的痛更複雜，更身不由己，是痛上加痛。可年幼的小雨又怎能明白？

十年的時間，小雨經歷了許多，也體會了許多，更從體會中學到了許多。混沌不清的怨恨，從來就不是小雨想要的結果。恨得越深，愛也就越深。因為越是愛的人，希望得到的就越多，要求就越苛刻。當期望受挫，小雨的失落就油然而生。父親的極端造就了小雨的極端。他們在互相愛的過程中彼此折磨著。

想通了卻很倔強，不肯承認，因為低頭意味著軟弱，意味著認輸。父親的離開，讓小雨壓抑許久的情緒徹底崩潰，隱藏的最後一絲溫柔讓小雨喃喃自語：「為什麼不好好珍惜自己，就算在遙遠的他鄉，我也知道你還在，我也知道你還在努力生活，我們的心依舊是不缺失的，就算沒有絲絲暖意，但至少不是結冰的啊！可如今呢？想到你的容顏，想到你的身軀，想到你的雙手，想到你的單薄，除了胸口泛起的酸楚，我不知道我還能怎麼辦？」

「樹欲靜而風不止，子欲養而親不待。」在許久之前，小雨永遠也想不到這句話與她會有什麼相關，可如今，這句話不斷地在小雨的腦海中閃現。小雨隱忍了十年的淚水頃刻之間匯集成河。模糊的、忘卻的記憶，此時莫名地被喚醒，原來記憶中留下的不僅僅是痛苦，也有很多繽紛色彩的美好。

在小雨很小的時候，父親還有工作的時候，父親對小雨的笑是慈愛的笑。父親常常把小雨抱在懷中，用他巴扎的鬍子搔癢小雨稚嫩的小臉，銀鈴般的笑聲響徹整個大廳。

父親好像常常不在家，可能是出差吧。但每次從外地回來，父親總是會給小雨買一些好玩的東西，有漂亮的衣服，好玩的玩具，更多的是好多好多好吃的。那時候的小雨好開心啊！之後，父親遭遇的變故就不是小雨所能夠理解的，所以也是小雨不能接受的。曾經美好的一切，在後來不美好的感受中就此被壓抑，深深地，不留一滴。

陷於過往回憶中的小雨淚如雨下，記憶的閘門越開越寬，小雨的悔恨也越來越濃。

高考是小雨人生的一大要事，但長期忍受痛苦的小雨，根本沒有把它放在心上。依舊如平常一樣，起床，洗臉，然後準備進考場。但就在小雨離家的時候，父親從外面回來了，買了小雨平常吃不到的豆漿油條，嘴裡還一再嘮叨，「唉，人真多，還好趕上了，快過來把它吃了，熱乎著呢……」小雨當時毫不在意，看也沒看父親一眼，轉身就離開了。只聽見身後的父親嘆息一聲：「唉，這孩子……」

小雨如願以償離開了生她養她、讓她痛苦的地方，一年四季漂泊他鄉。父親的影子離她越來越遠，她在忘卻的沈淪中生活著。如果沒有收到父親離去的消息，小雨還是一如既往地倔強，一如既往地佯裝堅強，一如既往地否認父親對她的愛，一如既往地否認自己對父親的思念。小雨在深深的自責、悔恨中感受著過去的點點滴滴……

不要讓悔恨束縛你的手腳

前不久，欣賞了一部療傷系列的勵志影片《愛不勝防（Love Happens2009）》，回味之中讓我想起了曾經看到過的這麼一句話——「記住該記住的，忘記該忘記的，不要讓自己活在痛苦的回憶裡。」想來非常有感觸。

故事中的男主角，伯克瑞恩是一位深受大眾喜愛的暢銷書作家。他最暢銷的作品《A-OKAY》有著心靈雞湯般撫慰人心的力量，振奮了無數受傷的靈魂。伯克瑞恩因此成爲受人推崇的心靈導師。樂觀、自信、熱情、積極的伯克瑞恩，經常遊走於世界各地進行精彩的演講，向無數讀者傳授快樂的祕密，傳遞困境中重生的希望。他A-OKAY的手勢，征服了每一位到場的人。他從不避諱他的靈感是來自於他愛妻三年前去世的慘痛遭遇。面對在場的所有人，他大聲呼喊他沒有被那場事故擊倒，他依舊可以快樂生活。他相信大家都可以，只要說OKAY，每一位都可以從中獲取重生的力量。

然而，他是真的快樂嗎？他真的有從妻子車禍的陰影中走出來了嗎？從台上自信滿滿走下來的瑞恩，被岳父無情地批判與指責，瑞恩面對自己留下的只能是無聲的嘆息。他在書中教導別人面對困境要擁有信念，要走出陰霾，要相信自己，要挑戰自己的極限，但他自己卻深深地懷念過世已久的妻子，不能自已。他佯裝堅強，因為他早已經習慣用面具來包裹自己。

偶然遇見艾拉薇姿，瑞恩沈默封閉的心泛起了點點漣漪。一個聰慧、漂亮、獨立，但又渴望溫暖、渴望愛情的花店老闆，就像一抹溫暖的陽光，悄悄滲進瑞恩受傷的心，慢慢把它撫平，慢慢把它滋養。

他們毫無徵兆地相愛了……可是過去經歷的傷痛讓他們無法輕鬆自然地打開心胸，來享受這份甜蜜的愛情。伯克一直認為妻子的喪生是由於自己的失誤而導致的，他無法從悔恨中蘇醒；艾拉薇姿一次次的錯誤戀情，讓她嚮往的純粹愛情一次次地被傷害，她怕再次受傷，所以她同樣把自己包裹得嚴嚴實實。

如果瑞恩與艾拉薇姿都沈迷於悔恨的傷痛中，佯裝快樂，不肯面對自己，那麼故事就結束了。

甜蜜的愛情只能是畫餅充飢，始終無法化解他們內心真正的傷痛。但觀眾需要故事的滋潤，現實中的我們需要繼續生活的勇氣，所以故事是浪漫的，結局是完美的。

想要快樂輕鬆地生活，那麼請牢記——「記住該記住的，忘記該忘記的，不要讓自己活在痛苦的回憶裡。」這句話。

阿輝和妻子懷著無比愜意的心情去澳門旅遊，準備好好地放鬆放鬆。可是一到澳門，阿輝的賭癮就犯了。不過一個禮拜，阿輝就輸光了身上帶的所有的錢。妻子一怒之下，提前回國，留下阿輝讓其自己想辦法。「贏不回輸掉的錢，就不要回來見我。」晚上阿輝躺在旅館床上輾轉反側，萬分焦慮。突然，從櫃子底下反射出一道銀白色的光，直直地射進阿輝的視線。阿輝從床上跳下，伸手去抓，費了九牛二虎之力掏出了幾個硬幣。在他抓硬幣的瞬間，17這個數字在他腦海一閃而過。常常賭博的人非常相信命中注定這回事，阿輝認為這個數字肯定可以給他帶來好運。於是他穿戴整齊直奔賭場。他用他剛剛撿到的5元硬幣作為賭注，並選擇了17這個數字，輸了就賠進去，贏了就得到35倍的數量。

按正常的推理來看，擊中17這個數字的機率是非常小的，但命運就是這麼神奇，阿輝選了17，小球就像有意識似地毫不猶豫地跑進了17的區域。於是阿輝就如著了魔一樣瘋狂地在數字17上下注。5元，175元，6,125元……阿輝越賭越大，贏得錢也越來越多。最後贏到了1,750萬元的時候，賭桌上的其他人不願意繼續輸下去了，於是紛紛起身離去。阿輝拿著一千多萬元，那個開心呀，興奮地給妻子打了電話，告訴妻子他的好運到了。驚喜之餘的妻子特地囑咐阿輝回家的路上千萬要小心。

靈感和好運以及懷中的一千多萬元讓阿輝頭腦發熱，就像被人下蠱惑一樣，認為今晚就是老天眷顧著他。於是意猶未盡的阿輝又去了另一家賭場，選的是同樣的數字，下的是同樣的賭注。然而，這次幸運之神沒有光顧他，阿輝口袋中的錢如裝在無底沙漏中的沙一樣，快速地流失，直到分文不剩，最初撿到的那5元硬幣也落入了他人的口袋。硬幣表面反射出來的銀白色亮光，深深地刺痛了阿輝的眼睛。他不停地問自己，「今晚到底輸了多少？」一千多萬元的概念不斷地在阿輝的腦海中閃現，就如之前的數字17。

萬念俱灰的阿輝失神落魄地走出賭場，看著街角的霓虹燈閃亮地微笑，阿輝對自己的悔恨，尖銳地穿梭於他的四肢百骸，五臟六腑。阿輝看見黑暗慢慢地朝他襲來，越來越快，越來越猛，在悔恨中沈思的阿輝沒有意識地撞向了迎面駛來的轎車。「砰」……阿輝的身體被撞向了遙遠的宇宙太空中，無影無蹤……

現實就是這麼殘忍。深深地受制於悔恨的漩渦中，迎接你的絕對不是光明的火種，而是無底的深淵。

阿輝輸掉了贏回來的全部的錢，不是幾百元，也不是幾千元，而是幾千元的萬倍。置於雲端的快樂還沒來得及享受，就被他親手推下刺骨的冰洋中。悔恨就如冰水一樣無情地包圍著阿輝，悔恨自己的無節制，悔恨自己不聽妻子的勸告，悔恨自己的貪得無厭……就這樣，悔恨吞噬著阿輝，讓他忘記了呼吸，讓他忘記了掙扎，於是他拱手讓出了自己的生命，補償自己悔恨的淚水。

深處悔恨中的阿輝忘記了，他輸掉的錢不是他辛勤勞動所得，就連最初的五塊硬幣也不是屬於他自己。理性思考一下，阿輝是不輸不贏，所以他沒有必要為不存在的失去而搭上自己寶貴的生命。悔恨往往會淹沒自己理性的思考。面對錯誤，我們需要的不是衝昏頭腦的沈淪，而是冷靜的心態。而在電影《愛不勝防》中，伯克與薇姿勇敢地面對了自己，走出了困境。他們都從悔恨中蘇醒過來，學會了面對過去，也學會了珍惜未來，更重要的是學會了把握現在。所以，他們是浪漫的一對，也是幸福的一對。

消除悔恨的方法

做錯了事，犯了不可饒恕的錯誤，人們往往會悔恨不已。人的悔恨指向的是人自己本身，不是他人，也不是錯誤的事件本身。人把自己當成敵人來恨，所以，人的自我就分裂為兩個部分：一個是被恨的部分，一個是施恨的部分。所以悔恨的人常常忍受著自我分裂的痛苦，這種痛苦的體驗遠遠勝過仇恨、怨恨帶給個人自身的體驗。

施恨的那部分自我是痛苦的，因為他已經體驗到刻骨銘心的痛了；被恨的那部分自我也是痛苦的，因為他被自己恨著，體驗著被恨的感覺，體驗著被自己鄙視，被自己遺棄的痛。一個人承受一種痛已經是非常痛苦的事情了，可他還被自己怨恨，憎恨，更為重要的是他無處發泄，因為恨他的人就是他自己本身。

如果兩種恨指向的方向是一致的，那麼這個人可能只是痛上加痛，排解這種痛苦相對來說也不是難辨的。但他體驗的卻是方向對立的兩種痛。這無處宣泄的痛，來自於自身，又轉向了自身，無法逃避，無法拋棄，面對的勇氣被牽扯的痛撕裂得體無完膚。他們在受體的心中瘋狂地舞動著，堆積著，當勇氣被消耗殆盡時，也就是這個人走向自我毀滅的時期。

悔恨是可怕的，但悔恨又是徒勞的。

阿輝輸掉了贏得的錢，陷入了悔恨的痛苦中。但有用嗎？悔恨沒有讓他重新得到失去的東西，悔恨也沒有留得住他妻子漸行漸遠的腳步，反而讓他失去了正常思考的能力，衝動之下，選擇了一條不歸路。項羽在自刎前夕，悔恨自己當初沒有一舉滅掉劉邦，悔恨自己不夠果斷，悔恨自己固執的臭脾氣，但有用嗎？悔恨沒有改寫歷史的篇章，悔恨也沒有讓項羽救回自己心愛的虞姬，反而讓自己葬身於滾滾的烏江之中。

有時候，我們在錯誤面前，產生悔恨的心也是在所難免。但重要的是面對悔恨的心，我們該如何選擇。沈迷墮落，還是勇敢面對？

筆者曾經親眼見過這麼一位學生，他在面對自己過錯的行為時，消除悔恨的選擇方式，令我印象非常深刻。

阿龍昨晚泡酒吧泡到凌晨五點才回宿舍，暈暈沈沈的他沒睡兩個小時就被室友叫醒。今天是阿龍入學的第一天，第一節課絕對不能不給老師面子，況且還是本校最有聲望的教師。於是，忍著頭痛欲裂的痛苦，阿龍還是艱難地從床上爬起。

一路上，阿龍被學校優美的環境所吸引，不知不覺上課的鈴聲響了。正當阿龍要進教室的時候，忽然一群拉拉隊美女從他眼前飄過，熱血沸騰的阿龍，不由自主地追了上去與美女們熱乎了起來，就這樣忘了時間。等聊完阿龍才驚覺，忘記上課了。於是，阿龍躡手躡腳地打算從後門進入教室，誰知一推門，就被老師逮了個正著。「請這位同學出去，我不歡迎不尊重老師、不尊重課堂的學生，請你出去。」嚴肅的聲音穿透整間教室。無論阿龍如何道歉，甚至用落淚的方式來表達自己的真誠歉意，老師都堅持自己的原則。「你不知道有句話叫覆水難收嗎？如果想要上我的課，想要拿到這學期的成績，那麼就請你把潑出去的水收回來，否則，請你現在就出去。」

阿龍當時整個人就懵了。現在他連想死的心都有了。「都怪自己太貪玩，要是昨晚早點回來就好了……早點起床，早點來校，就不會見著那些漂亮美眉了，也就不會耽誤老師的課了……」怎麼辦呢？老師是全校最嚴格、最講原則的人。要是沒這門成績，就甭想畢業了。全班安靜得可以聽到針掉下去的聲音，除了老師，所有的人都看著阿龍。阿龍此刻真恨不得地下開個洞，讓他跳下去好了。但這能解決問題嗎？無論怎麼悔恨，自己都不可能因為老師的責罵而去尋死。但老師的原則又破壞不得。想到這裡，阿龍慢慢地冷靜了下來。「只要覆水可收，不就行了？」於是阿龍恢復了之前的自信，輕鬆地

「要是當初不這樣，現在就怎樣怎樣了……」

這樣想是徒勞，無意義的，你應該把這次改為下次該當如何。我們寄希望於下次，就是為了避免同樣的錯誤發生。消除悔恨的方法，絕對不是逃避，不是固守於此次的錯誤，而是積極面對，積極思考，積極預防，這樣你才能在痛苦中獲得成長。

人生不可能完美無瑕

一位心理學家曾經做了這樣一個實驗：他在一張白紙上點了一個黑點，然後問他的幾個學生：「在這張白紙上你們看到了什麼？」學生們異口同聲地回答：「看到了黑點……」之後，該心理學家得到了這樣的結論：人們通常只會注意到自己或他人的瑕疵，而忽略其本身所具有的更多優點。

想想，也真是這樣。偌大的一張白紙，我們可以看到更多的希望與期待，我們可以以黑點為中心描繪精彩的未來，等等。總之，我們能做很多。在我們的眼裡，它應該具有更多的內涵，而不僅僅是黑點的存在。

是我們自己禁錮了我們自己，讓我們不停感嘆生活的殘酷與命運的悲哀；也是我們自己赦免了我們自己，讓我們不斷縮小未來的版圖與衍生的希望，是我們自己把原本就不完美的人生看得更加殘破不堪。如果能夠把人生的不完美看成是完美的化身，那麼你就真正地走在了成熟、完美的蛻變進程之中。這不是胡話，這是我們心中該有的希望。

很多時候，當我們缺少一些東西時，我們往往會有更完整的感覺。因為我們心中充滿了希望與夢想，我們擁有為之奮鬥的勇氣與堅持。我常說：「堅定地認為自己不完美本身，就是一種不完美中的完美……」

一個擁有一切的人，在某種意義上講是一個一無所有的人，他沒有夢想，也沒有希望。他體會不到奮發的激情，也無法感悟挫折的魅力。

人生是不完美的，所以我們要有不完美人生的快樂心境。

羅蘭曾經說過：「一個人如能讓自己經常維持像孩子一般純潔的心靈，用樂觀的心情做事，用善良的心腸待人，光明坦白，他的人生一定比別人快樂得多。」

人生的路漫長而多彩，就像在天邊的大海上航行，有時會風平浪靜，行駛順利；有時卻會是驚濤駭浪，行駛艱難。但只要我們心中的燈塔不熄滅，我們就能沿著自己的航線繼續航行。在陽光中學會歡笑，在陰雲中學會堅強；在狂風中抱緊希望，在暴雨中堅定信念；我們終究是能走出一條屬於自己的人生大道。

現實生活並不會時時刻刻為我們保留快樂幸福的味道，所以我們要學會自己儲存愛與希望。有人說，心靈就像是一個容器，裝的事情太多，會雜亂；裝的事情太久，會腐敗。雜亂、陰暗、潮濕的事情會讓我們煩躁與不安。沒有輕鬆愉悅的心情，人就不會煥發出自信的光彩，怨恨、冷漠就會悄悄降臨我們身邊，點點滴滴滲透，直至我們脆弱不堪，苟延殘喘。所以，我們要不時地打開心靈的窗戶，讓陽光直射，清洗心靈滋生的霉菌，讓綠色鋪滿整間心房，洋溢暖暖的愛意與希望。

人生是不完美的，所以我們要遺忘不完美人生的痛楚與悔恨。

一位教師，為了讓自己的學生明白一個道理——過去的悔恨是無益的，在課堂上她將一隻裝滿牛奶的瓶子朝地上猛地摔下去，瓶子被摔破碎了，牛奶流了滿地。在座的學生百思不得其解。她告訴學生：「你們可能對這瓶牛奶感到惋惜，可是這惋惜已經無法使這瓶牛奶恢復原樣了。所以，在你們今後的生活中如果了無可挽回的事情，請記住這摔破了的牛奶瓶。」

錯誤已經造成，明知錯誤無法挽回卻偏要一意孤行，結果只能是徒勞無益。人生的路非常漫長，人生的路坎坎坷坷。抬眼眺望，哪一個行路者不是身背行囊？哪一個行路者的心靈不曾有傷？不要因生活中的一些細小過失而後悔，如果事事追悔，恐怕一個人一輩子都會生活在數不清的悔恨之中。與其悔恨不如當機立斷：汲取教訓，以後不要再犯。畢竟人生不是完美無瑕的。

如果你受傷了，遇挫了，請抬起頭，對著鏡中的自己，每個人心靈深處都有自己寶貴的東西。此刻流淚了，只是不完美的人生在告誡我們要懂得珍惜，懂得珍惜不完美外的完美。我們都在行走的旅程中，都只是永恆中的一個匆匆過客。我們遇見的每個人，走過的每個地方，都是這段旅程中的精彩，是不完美中的完美！所以，我們要學會感悟有瑕疵的生命真諦！

第3章 最危險的心理——憤怒與仇恨

從心理學的角度來看，憤怒是一種自我保護的手段，是一種反應。有人認為我們人類能夠成功地生存下來，憤怒起了很大的作用。想像遠古時期，我們人類的祖先為了保護自己的利益而憤怒，為了爭奪有價值的東西而憤怒。因為憤怒會讓一方先妥協，這樣人們就避免了不必要的戰爭，從而保護著自己與自己的同類。此外，憤怒是一種情緒，是一種因他人的失誤、過錯而懲罰自己的情緒，這種懲罰對人們只有壞處沒有好處。憤怒容易讓人們衝動，衝動之下的行為表現往往不夠理智，結果釀成令我們遺憾的結局。所以，憤怒要控制好。

是什麼讓我們如此憤怒？

從本質上來講，憤怒分為健康的憤怒與不健康的憤怒兩種。不管是哪一種，憤怒都包含認知、情緒、外在行為表現，以及對象的正確與否等四個心理過程。

健康的憤怒一般出於理性的思考，認真客觀地分析引起他們憤怒情緒的事件與起因，形成正確的認知行為，也就是我們經常提到的「對事不對人」的客觀冷靜的態度。當人們對事件做了清晰明瞭的分析與判斷，他們自然而然就具有了冷靜的心態，憤怒的情緒具有可控性，處於這種狀態下的人們，一般不會做出過分的攻擊行為，更不會衝著無關的弱勢群體，發泄自己的不滿情緒。他們針對問題解決問題，及時向相關人員反映自己對該問題的看法與思考，避免不必要的誤會產生。

不健康的憤怒是嚴重不利於身心健康的。它不經過大腦的理性思考，使憤怒中的人們常常「對人不對事」。引發憤怒情緒的事情一旦發生，人們容易失去冷靜的思考能力，通過言語攻擊、肢體攻擊，甚至採用違規的武器向某些弱勢社會群體，至少是不高於他的群體發泄憤怒。他們認為讓他們怒氣高漲的始作俑者，是做錯事情的當事人，而不是這些人誘發的這些事。如果這些發怒的人的地位、權勢遠遠高於自己，那麼蒙受委屈的人必然不敢公然申訴。發怒者一肚子的不滿讓他們如此難以忍受，不得已只能尋找弱勢人群尋求平衡。不健康的憤怒如同無形的傳染疾病，一經發生就會迅速產生連鎖反應，一級一級往下蔓延，直到生存的和諧圈被打破，被摧毀。

從另一個角度來講，向弱勢人群發泄憤怒情緒這種不健康的行為方式，體現了當事人自尊的需求。心理學家馬斯洛認為人在滿足基本的生理、安全需求之後，自尊需求的滿足就被置於需求的頂端。這是生活中自然正常的現象。

無奈，對事情認識不清的人們，常常把自己的自尊與無關的事情進行錯誤的連接。具體來講，當老闆因為你疏忽的工作態度而責罰於你，這是正常的對事不對人，是合理的行為態度。如果你認為老闆對你的批評傷害到了你的自尊，你認為老闆是在無故找你碴兒，那麼你就犯了「對人不對事」的錯誤，你會大發脾氣，並遷怒於其他人，這會導致嚴重的後果，就是不健康的憤怒。

如果你能深刻反思老闆對你的批評，把這看成是自己工作中的不完善之處，從而加以修正改善，那麼，你就不會把自己的情緒體驗附加到其他人身上，更不會對老闆憤恨不滿。試想一下，一個人怎麼會對自己取得的進步而憤怒呢？如果你認為老闆的批評是錯誤的，你可以大方地把自己憤怒的情緒向老闆反映，並希望得到公正的對待，這是「對事不對人」的處事態度，是健康的憤怒。

可見，對事情的理性認知，乃是人們正確處理自己憤怒情緒的關鍵點。

著名國學大師翟鴻燊曾經講過這麼一個故事：乾隆有一次在台上放了個屁，台下的和珅臉就紅了；乾隆很高興，大臣們都以為是和珅放的。和珅很會為皇上「分憂解難」，深得皇上的信任。

兩百多年後的某一天，祕書陪經理和董事長參加一個會。在電梯裡，董事長不小心也放了個屁，為緩解難堪，董事長和經理都看了看祕書，這時，祕書沈不住氣了，解釋說：「不是我放的。」第二天，董事長就把祕書給辭了，祕書不解，董事長說：「你一點點的事都承擔不了，留你何用？」

很多時候，人們會無緣無故受老闆、長輩等人的責難，這時不妨心甘情願當一回「和珅」，用寬容之心理解他們的情緒體驗，何必耿耿於懷，激憤難平呢！給他們時間去平復他們心中的困惑，其結果要比你不受控制地亂撒怒氣大為不同。「撥開雲霧見晴天」，時刻保持一種寬廣的胸懷，積極的樂觀態度，有利於我們的身心健康。

仇恨是一把雙刃劍

人生不是一帆風順的。在眾多坎坷的人生中，我們不斷遇到令我們傷心、難過的人和事，不斷經受傷神費解的痛苦體驗，不斷品嘗落寞失望的悔恨，繼而加強自己血淚仇恨的淵源。在不幸的命運轉動中，痛恨自己，更仇恨他人，結果是失去了正常生活的勇氣。遭遇悲慘不幸的坎坷命運，能否獲得蛻變重生，將取決於如何正確合理地看待不幸引發的仇恨情緒。

仇恨的味道太過刺激，既傷害我們的健康，又不利於他人的成長。

仇恨的本質就如一把彎刀，既傷害他人，也傷害自己。

電影《傷城》生動細膩地刻畫出仇恨的悲哀：我們建起了一座城，用受過的傷，保護還沒受傷的地方，結果越來越傷。

20年前，梁朝偉飾演的督察劉正熙，親眼目睹自己的家人慘遭殺害。為了逃避被加害的命運，為了臥薪嘗膽實施復仇計畫，小小年紀的他選擇了隱姓埋名。20年來他時刻被噩夢驚擾著，復仇是他存活下去的唯一動力。多年來他一直尾隨強大的敵人，從澳門到香港，發誓要血債血還。在這片傷心的城市中，他成了被仇恨滋養的孤獨靈魂。長大以後，做了督察的劉正熙娶了仇人的女兒，以此作為他復仇的工具。在復仇的氛圍中，享受甜蜜生活的新婚妻子，卻絲毫不知道自己已經成為丈夫報仇雪恨的一個籌碼。

劉正熙最終冷靜而殘忍地殺害了自己的岳父，也是20年來隱藏在他心中的最大仇人。故事仍在繼續著……血債血償的誓言，讓劉正熙無法就此停手，他的妻子，仇人的女兒也必須得死。然而，在他殺死自己妻子的那一刻，他卻得知她並不是他仇人的親生女兒。悲劇終究還是發生了。逐漸愛上妻子的他看著妻子倒下的瞬間，意識到自己生命的歸屬感再次變成了零。

他飲彈自盡了。震驚的同時我們又是清醒的。《傷城》中的悲劇人物劉正熙一生中最大的困惑，不是失去家人的痛苦，而是內心不能釋懷的仇恨。從目睹全家慘遭殺害的那刻開始，他的仇恨就已經開始。他活在家人被殺的痛苦回憶中，始終不能自拔。回憶疊成復仇的欲望，建築的傷城始終固若金湯。當欲望變成了現實，手刃仇人的快意卻無法讓他的靈魂得到救贖。打破傷城的唯一方法就是自我的毀滅。

可能劉正熙在死亡的那一刻，都不明白自己的癥結到底是出在哪裡。他不明白是仇恨剝奪了他生命的歸屬，是仇恨讓他無處容身。仇恨加速了他的死亡。當年他躲過了仇人的追殺，卻難以逃脫仇恨的鞭笞。

仇恨是一把雙刃劍，既傷害了他人，又傷害了自己……

懷有仇恨的人，內心是大悲大恨的，表現出的是一種處心積慮的隱忍，是一種自認為是「哀莫大於心死」的冷酷。毫無疑問劉正熙是這樣的人。他隱忍了20年，處心積慮地實施他的復仇計畫，世間已經沒有什麼事情能夠讓他心動，能夠讓他寬容，因為他的心裡充滿的是血流成河的仇恨。

最終，他落在了自己的傷城中，緬懷自己的悲哀，舔舐自己的傷口，卻忘記了城外的艷陽晴天，忽略了城外的人想要納入他冰冷身軀的真誠，城外的人心中一樣也有傷、有淚、有痛……

懷有仇恨的人，內心承載了太多無法釋懷的黑暗。他們暗藏的隱忍，表現出的冷酷，都是內心的仇恨這股黑暗力量催化而生的，更多時候他們無法控制這股力量，因此因復仇而造成的悲哀，最終也只能以悔恨來畫上句號。

仇恨是受傷的記憶，懷有仇恨的人無法忘卻受傷時的痛苦。時時刻刻感受痛苦的人，又怎能有多餘的空間來容納歡笑呢？時時刻刻感受傷懷記憶的人，即使身處陽光普照的太陽底下，也無法呼吸溫暖的力量，時間長了，溫暖也會疲乏，也會無力。在仇恨的環繞下，溫暖也只能徹底遠離他的身邊，最終的結局只能是自我毀滅。這不僅傷害了給予他溫暖的人，也傷害了受困中的自己。

現實生活中的我們，可能不會遭遇劉正熙遭遇的那種滅門慘案，但我們無可避免心中都會有傷，也都會受傷。生活中的我們，用我們自己的方式詮釋著這些傷，我們做的每一個決定，都是對這些傷的招供，我們做的每一個選擇，都是在傷的陰影下規避更多的傷害，或者是執拗的逞強。如何正確地看待與詮釋這些傷，同樣也取決於我們選擇的一種生活態度。有時候，很難說得清楚，到底是傷給予了我們對生活的態度，還是我們對待生活的態度，讓我們不斷受傷？

總的來說，人心就是一座防範嚴密的城池，沒有其他人能夠真正地走進去，也沒有人能夠信誓旦旦地說：「我了解。」這座固若金湯的城池時時刻刻保護著我們，抵禦著外來的傷害。如果這是一座傷城，那麼它在保護我們的同時，卻也傷害了遊走在我們身邊的人，最後我們也會傷痕累累……

仇恨與憤怒的關聯

19世紀英國天才女作家、著名詩人艾蜜莉·勃朗特創作的愛情小說《咆哮山莊》，不僅得到了評論界的高度肯定，更受到了讀者的熱烈歡迎。這部小說到處都充滿了作者豐富的想像，和熾烈的情感，時刻流露出震撼人心的力量，被看為英國文學史上的一部最奇特的小說，最神祕莫測的怪書。

這是一個關於愛情和復仇的故事，故事中到處都充滿了仇恨和憤怒的索引。因仇恨而引發的憤怒，讓故事的主角不斷地淪陷，不斷地墜入罪惡的深淵；因憤怒而加深的仇恨，讓故事的靈魂不斷地毀滅，不斷地撕毀人間希望，最後孤獨悲哀地離開人世。

咆哮山莊的主人歐肖先生帶回了一個吉卜賽棄兒，取名為希斯克利夫。希斯克利夫深受老主人歐肖先生的喜愛，並獲得了歐肖先生女兒凱瑟琳的寵愛，卻招致了小主人亨德雷的嫉恨。歐肖先生死後，亨德雷成為新的主人。心胸狹窄的亨德雷在父親死後把希斯克利夫貶為奴僕，並對其百般地凌辱與毆打。但亨德雷的妹妹凱瑟琳與希斯克利夫卻瘋狂地相愛了，儘管亨德雷百般阻撓，破壞兩人的感情，他們依舊如膠似漆，十分地要好。後來凱瑟琳在外界的改造與影響之下，變得既虛榮又自私。她於是開始嫌棄希斯克利夫，認為一個骯髒的奴僕無法與自己相匹配，轉而投向並愛上了畫眉山莊林頓家文靜的青年埃德加。

事實上，在凱瑟琳的內心深處，她是深愛希斯克利夫的。凱瑟琳曾對女僕這樣吐訴過：「我對埃德加的愛像樹林中的葉子，當冬季改變樹木的時候，隨之就會改變葉子。我對希斯克利夫的愛卻像地下永久不變的岩石……我愛的就是希斯克利夫！他無時無刻不在我的心中，並不是作為一種樂趣，而是作為我的一部分。」

但凱瑟琳卻又是虛榮自私的，為了財富，為了身分地位，她最終還是選擇放棄希斯克利夫，而接受了埃德加的愛。

希斯克利夫無法忍受凱瑟琳對自己的傷害，憤怒不已的他離家出走，多年來一直杳無音信。數年後，希斯克利夫回來了，帶著復仇的種子回來了。他不再是當初那個窮困潦倒、任人欺負的骯髒少年了，他變得英俊瀟灑，而且非常的富有。這時，凱瑟琳已經成為埃德加的妻子，成為畫眉山莊的女主人，過著她曾經一直想要的富裕生活。

希斯克利夫開始報復亨德雷，使亨德雷債台高築最後不得已把咆哮山莊抵押給他。

在亨德雷死後，他如法炮製，把亨德雷的兒子哈里頓貶為奴僕，想讓他變成一個粗俗無禮、骯髒的野小子。為了報復凱瑟琳的丈夫埃德加，同時也為了報復凱瑟琳對自己的傷害，希斯克利夫娶了埃德加的妹妹伊莎貝拉，並以虐待伊莎貝拉來發泄自己的怨恨。

再次歸來的希斯克利夫光鮮亮麗，從某種程度上來說他成功了。但他依舊憤怒，他對曾經傷害他的人，有著不一般的憤怒情緒，這種憤怒不是對他們大吼大叫就能發泄，就能化解的。這是一種深深地隱藏在希斯克利夫內心深處的憤怒，它啃噬他，撕咬他，如果不是復仇的欲望支撐著他，恐怕希斯克利夫早已經被這股憤怒給吞沒了。

深愛著希斯克利夫的凱瑟琳是痛苦的，結婚之後並沒有想像中那般美好。她知道自己做錯了，她不該輕易放棄希斯克利夫。多年來她一直為她的自私與虛榮贖罪……直到希斯克利夫回來，凱瑟琳重新看到了希望，她想挽回他們之間的這段感情，但被仇恨束縛著的希斯克利夫，並沒有給凱瑟琳修復的機會。凱瑟琳在悔恨中痛苦，在愧疚中死去。一直到死，凱瑟琳都在尋求希斯克利夫的寬恕。在臨死的那天晚上，她生下了小凱瑟琳。

沒有了凱瑟琳，希斯克利夫徹底失去了生命的重心。他只剩下了復仇的軀殼。他曾說，他可以原諒凱瑟琳對他做過的事，他也可以愛害他的人，但他無法寬恕害死凱瑟琳的人。於是，希斯克利夫越加地變本加厲，越加地殘暴。他虐待亨德雷的兒子哈里頓，就像亨德雷曾經虐待他一樣。

多年後，伊莎貝拉給他生的兒子林頓長大成人，小凱瑟琳也已經長成美麗少女。小凱瑟琳與哈里頓瘋狂地相愛了。但被仇恨裹挾著的希斯克利夫強迫小凱瑟琳嫁給林頓，目的只是為了——「勝利地看見他的後代堂皇地作為他們產業的主人，他的孩子用工錢僱用他們的孩子，種他們的土地。」

後來，埃德加死了，希斯克利夫成為了畫眉山莊的新主人。再後來，他的兒子林頓也死了。小凱瑟琳成為了年輕的寡婦。小凱瑟琳和哈里頓就像當年的希斯克利夫和凱瑟琳一樣，希斯克利夫瘋狂且憤怒地阻止他們，就像當年亨德雷瘋狂且憤怒地阻止希斯克利夫與凱瑟琳。他從小凱瑟琳的眼睛裡看到了凱瑟琳的影子，他從哈里頓身上看到了當年的他自己，希斯克利夫沈默了。

他變得更孤獨了，他不再管山莊，也不再阻止哈里頓與小凱瑟琳了，他常常幾天不吃不喝地遊蕩在沼地裡。他瘋狂地懷念著凱瑟琳，他想與她的孤魂在一起，回來後就躲在凱瑟琳曾住過的房間，不讓任何人打擾。不久之後，希斯克利夫就死了。

這是一個復仇的故事，這也是一個寬恕的故事。希斯克利夫的仇恨來自於對凱瑟琳虛榮、自私的憤怒，也來自於對自己無力更改的棄兒身分的憤怒，因此他無力反抗亨德雷對他的專橫暴虐，也無力反抗凱瑟琳對他的情感背叛。滿腔的憤怒無力發泄時，就容易轉化為仇恨，激起復仇的欲望。所以，仇恨中蘊藏著極端的憤怒，憤怒越過了理性的邊界，就轉化為仇恨的種子。

凱瑟琳情感上的背叛使希斯克利夫由愛轉為恨，這與希斯克利夫的棄兒身分有著絕大的關係。亨德雷對他的侮辱讓他體驗到人生的殘酷，凱瑟琳對他的愛讓他看到了生活的希望。所以希斯克利夫有愛也有恨。強烈的愛與憎在凱瑟琳背棄情感的瞬間，讓希斯克利夫埋下了仇恨的種子，報復成了他重新證明自己的唯一出路。在凱瑟琳死之前，希斯克利夫恨亨德雷，恨埃德加，凱瑟琳死之後，希斯克利夫更恨他們，復仇的火焰燃至最高。於是，就有了之後的故事。

復仇的成功平息了希斯克利夫的憤怒，但引起的卻是更深的悲哀。因為人性始終是善良的。他達到了復仇的目的，卻以自殺而告終。因為復仇、憤怒並不能讓他快樂，並不能讓他獲得心靈的平靜，反倒罪惡叢生。唯有寬恕才能解救自己，才能讓他與心愛的人永遠在一起。人性的復蘇讓他祝福了他們下一代的幸福，也獲得了寧靜與安詳。

你覺得可以承受仇恨的後果嗎？

縱橫觀看古今，許多承載仇恨的人，都會選擇報仇雪恨、「以牙還牙」來平息曾經所受的恥辱與傷害。

歷史上，據說被赦免之後的越王時刻思索著復國的計畫，為了復國，他把苦膽吊掛在柴薪的舖位上面，以便休息睡覺之前能夠仰起頭嘗嘗苦膽的滋味，吃飯喝水前也要先嘗嘗苦膽。他常對自己說：「你難道已經忘記了你之前所受的恥辱了嗎？」他還親自到田間與百姓們一起耕種，他降低身分以禮相待有賢能之人，幫助貧困百姓，哀悼死難的人。就這樣，越王勾踐用仇恨激勵自己和民眾，勵精圖治，臥薪嘗膽，終於完成了復國的夢想。

婦孺皆知的《水滸傳》英雄武松為替哥哥報仇，殺死了自己的嫂嫂潘金蓮以及姦夫西門慶，最後成為了受人愛戴、受人敬重的梁山英雄好漢，等等。在法制社會健全之前，充滿感情色彩的復仇都客觀地存在著。

歷史上，復仇常常與英雄事蹟相掛鈎，得到了百姓的讚揚與推崇。那時候的復仇順應了歷史的潮流，契合了當時人們心中存在的復仇制度。「君子報仇，十年不晚」，「殺父之仇，不共戴天」，韓愈曾經說過——「不許復仇則傷孝子之心」。所以說，歷史上的復仇有其存在的合理性。

隨著社會的進步，法制制度的逐漸健全與完善，我們早已經脫離了當初的野蠻、愚昧，且落後的復仇制度。我們進入了嶄新的時代，所以再用同樣的方法去解決心中的仇恨，已經不符合歷史的軌跡，甚至是違法犯罪的。仇恨如何化解受很多因素的影響。不採取正確合理的途徑，盲目地報仇雪恨，所導致的後果將不是你所能承受的。

二〇〇四年雲南大學生化學院學生馬加爵，在宿舍連殺四人的「馬加爵事件」轟動了全國。馬加爵案發生之後，許多社會公眾、媒體、心理學家，對馬加爵以及他殺人動機進行了詳細的分析與剖解。心理學家認為，決定馬加爵犯罪的心理問題，是他強烈、壓抑的情緒特點，是他扭曲的人生觀，還有「自我中心」的人格缺陷。社會公眾認為，應該把馬加爵的殺人動機歸結為他的貧困，他因為貧困而受到他人的歧視，因此他對這個社會，對這個社會中的人產生了仇恨。

當然，貧困不能成其為犯罪的藉口，更不能成為其被寬恕的理由。但毋庸置疑的是馬加爵的內心充滿著強烈的仇恨。這股仇恨是一種壓抑的負面情緒，再加上他扭曲的人格缺陷，當他遇到挫折，遇到不滿的情況時，他隱藏的憤怒、潛藏的仇恨就容易傾瀉而出。這時，殺人就成了他雪恥、化解心中仇恨的手段，所以馬加爵是可憐的。他承載了自己無法承載的仇恨苦果，十分值得我們深思。

在獄中，馬加爵寫下了這樣的懺悔——「就因為一次打牌吵架，我決定了走上這條路。現在我以一個旁觀者的身分看，這是多麼的荒謬，多麼的無知啊！這是多麼的悲哀，多麼的殘酷啊！難道生命就這麼脆弱？難道世界上就沒有什麼值得留戀的嗎？不是的，現在的我就是這麼想的，以前也是。但是前幾天我的心裡只有恨，我非常的苦惱，許多後果我都未曾設想。很多事情來不及思考，就這樣發生了。事後才知道造成的影響是多麼的大，才知道給親人造成了多麼大的傷害，才明白傷心難過的遠遠不只是我的親人朋友。後悔啊，但木已成舟，我是已經無力挽回的了！」

——這是馬加爵在獄中寫下的原話。

想一想，仇恨帶來的後果，我們真的具備足夠的能力來承受嗎？

每個人心中都會有傷，即使表面上非常幸福的人心中照樣也會有痛，也會受傷，也會傷人，因為我們都不是聖人！很多人因為不健康，不成熟的認知，將心中很多的傷轉化成了恨，甚至是仇恨。他們恨帶給他們傷的人，他們恨自己無法擁有對方擁有的強大優越感，最後毀了他人，也毀了自己。劉正熙是這樣的人，希斯克利夫是這樣的人，馬加爵也是這樣的人。可能現實生活中這樣的人還有很多很多。

懷有仇恨的人，採用極端的方式尋求報復，只為了彌補當初受傷時的不愉快體驗，有的是嚴重的痛苦體驗，如親人的死去；有的是輕微的不悅感，如丟失的面子，等等，最後付出的卻是血淋淋的代價——生命的消亡。比較一下兩者的輕重，你就會發現報復是多麼的愚蠢，多麼的荒誕。不是每個人都會選擇希斯克利夫那樣的報復手段，也不是每個人都會選擇馬加爵式的極端，他們以一種他們能夠承載的方式緬懷自己傷痛的回憶，而不是把這種傷痛加倍地附加給曾經傷害他們的人。這樣的人能夠理性地對待恨，對待傷痛，結果他們都將會是快樂、幸福的。

讓我們牢牢記住生命的厚重與珍貴。古語有云：身體髮膚受之父母，不得隨意傷害。我們沒有傷害自己的權利，更沒有毀滅他人的權利。道德不允許，法律更不允許。如果受傷了，憤怒了，不要悲哀地怨天怨地，而是要尋找合理地途徑，積極地解決內心的憤懣。痛苦過後，回頭再看，一切將會變得藐小不堪。

我們總是有充足的理由憤怒

認知心理學中有一個關於憤怒的理論，叫挫折——攻擊理論，也就是說人的憤怒攻擊行為，來自於生活中的挫折。這個理論是根據心理學上一個比較經典的實驗提出來的。

在實驗中，研究人員以實驗控制法，隨機地給予籠子中的白老鼠電擊，施以挫折經驗，之後詳細地觀察並記錄白老鼠的行為表現，發現原先老鼠的生態行為有了極大的轉變，老鼠的性情變得急躁，睡眠時間減少，哄搶食物，活動量變得十分大，老鼠彼此互咬的機率大大提高了。

根據這個實驗，研究人員得出結論，在遇到挫折、期望落空、生活變故、失敗的處境下，人的性情也會變得較為急躁、容易憤怒，以至於攻擊錯誤對象。當然，白老鼠不是人，不能把從白老鼠身上得到的實驗結果推廣到人類的身上，但在現實生活中，不可否認的是人的憤怒有很大一部分，乃是來自於對生活的不滿及挫折。

事實上，從另一個角度來講，憤怒也有其存在的必要性。

心理分析學家弗洛伊德認為憤怒源自於個體潛意識的內容，而形成潛意識最原始的資料，來自於嬰兒的早期生活經驗。嬰兒早期生活經驗的形成離不開父母親正確的養育，尤其是母親。弗洛伊德認為嬰兒從出生開始，就面對兩種衝突經驗的困擾，好的經驗和不好的經驗。好的經驗源自於母親愛的哺育、溫暖的身體接觸，於是嬰兒獲得了滿足，產生了愉快的感覺經驗；如果嬰兒感受到母親的憤怒或不滿，或感受飢餓、尿濕、冰冷和冷漠的不好感覺，那麼，它們就會轉化成憤怒的情緒基礎。

心理分析認為，只要父母能正常滿足嬰兒的需求，嬰兒便有能力以「健康的抗議」來面對一些不好的經驗，如延遲的餵養、尿布濕了而不更換，或者冰冷的嬰兒床等。父母親如果接受孩子的抗議，嬰兒就會將好的父母影像長時間留在心中，相對地也可以忍受生活中不可避免的因挫折而產生的憤怒。

憤怒是不好的經驗，但若能遇到好的包容者，如童年時期的父母、成長時期的老師、成年期的自己，他們接納這些負面的經驗，並且允許它們的存在以及表達，他們就能從這種包容的歷程中，領會到生活的真諦，從而協調矛盾存在的本質。

憤怒表達了一個人壓抑在潛意識中的不愉快經驗。如遇到無法應對的挫折時，人們只能將其轉向自己，衍變為憤怒的情緒。獨吞憤怒的苦果只會讓自己更加受傷，所以人天生擁有的防禦機制，迫使他們把憤怒的情緒灑向他人，來保護自己，尤其是那些弱勢群體，更容易成為受傷害的對象。

每一個憤怒的人都會為自己尋找最合適的理由，實際上這也是保護自己的一種手段。然而，很多時候我們在保護自己的同時卻傷害了別人，有時是小傷，有時是大傷。但不管是大是小，傷害都已經造成。習慣為自己找理由找藉口的人，往往遮蔽了雙眼，看不清原來別人也在哭泣，而且還是被自己弄哭的。他們把自己的怒氣指向他人，或者在憤怒的情緒下工作、學習、生活的人，習慣一味地認為自己受傷最重。其實，療傷才是自己應該要掌握的主旋律。

在心理諮詢中，諮詢師常常會碰到很多受情緒困擾的來訪者。這些來訪者習慣為自己的憤怒找理由、找藉口。對待這些來訪者，諮詢師常常鼓勵他們宣泄憤怒、不滿的負面情緒，不論他們的憤怒有多麼的不合理，有多麼的離譜，諮詢師都會接納他們的控訴。諮詢師認為憤怒情緒的存在，從某個角度來說是維護一個人自尊的手段，是一個人心中挫折的發泄，憤怒使他在自認為不合理的情境中，找到了情緒表達的自由。

有人把憤怒比做外科手術中的流血，在流血中醫生要迅速修補好身體的缺損，但流血不是源頭，只是警訊而已！它提醒醫生要迅速採取行動修補漏洞，而不可面對流血時大驚失色，手腳慌亂。諮詢師懂得這個道理，所以面對情緒困擾的來訪者，諮詢師給予他們足夠的尊重與發泄空間，之後才是對症下藥，解決問題，這樣有助於來訪者，真正地看清楚問題的癥結之所在。

學會控制自己的憤怒情緒

在受到傷害或者心情不好時，人都很容易產生憤怒的情緒。人都有憤怒的時候，關鍵是憤怒時我們應該怎麼做？是控制憤怒冷靜思考，還是衝動而為灑向他人？一般而言，控制能力比較差的憤怒的人們，總是向無辜的弱小個體或群體，發泄自己的憤怒情緒，而往往不自知。文章一開始提出的憤怒連鎖事件，不就正好說明了這一點嗎？憤怒容易使人喪失理智，失去正常思考的能力。

法鼓山的聖嚴法師曾經說過：「生氣是拿別人的錯誤來懲罰自己。」

可見，在憤怒的情緒下，衝動行事是多麼要不得。那麼，在憤怒時，在遇到讓自己不開心的事情時，在自己堅持的理念受到他人的質疑時，我們應該怎麼辦？我們如何提高自己面對憤怒時的控制能力呢？

心理學家認為避免陷入怒火中燒的最好辦法，就是屏住呼吸，「叫暫停、想一想、再去做。」想一想——「憤怒能解決問題嗎？為什麼會如此憤怒？該如何處理令我憤怒的事情呢？」

事實上，當你在思考這些問題的時候，你的理智已經戰勝了你的憤怒，想要揍人的衝動已經慢慢地緩和了下來。有一些自控能力還不錯的人，在遇到不順心想要發脾氣的時候，常常會深呼吸幾次，然後讓自己慢慢放鬆，放鬆，再放鬆，這實際上正是採用了心理學家給予的應對憤怒時人們，應該採用的策略。

或者是當人們想要發怒時，不妨拿出自己常用的小鏡子，看看鏡子裡面的人此時此刻是不是鼻孔冒煙、怒髮衝冠、咬牙切齒？如果是的話，那鏡子裡面的人該是多麼的難看，多麼的不討人喜歡啊！看到這樣的自己，你是否還有繼續生氣的欲望？有一些老師每天在上課之前，總要先在鏡子前站立片刻，整理好儀容然後再去教室。這裡邊整理儀容就包含了表情的整理，看看自己有沒有把不該有的情緒放到臉上，看看自己有沒有受到之前不好情緒的影響。這是一種情緒的整理，是人際交往最基本的一種儀態表現。

控制好自己的情緒。當憤怒平息了之後，再想想如何合理地化解讓你火冒三丈的事情。如開誠布公地與讓你憤怒的對象，好好交談一下，也不失為一個好的方法。不要一聽到讓你生氣的事情就回擊對方。不妨在冷靜之後，找個合適的時間心平氣和地與對方溝通。如果結怨很深的話，也不要放棄解決問題的努力，你可以找雙方都認識的朋友，充當裁判，來避免情況的惡化。

美國作家貝弗莉．恩格爾在《尊重你的憤怒》中，提出了兩種積極的憤怒方式：沈思型憤怒和自信型憤怒。沈思型憤怒首先考慮觸發憤怒的潛在情感，自信型憤怒是直接提出了憤怒所要傳達的問題。兩種方式都可以讓你超越你的憤怒，有利於順利解決令你憤怒的問題。至於選擇哪種方式憤怒，這與一個人的性格有很大的關係。

外向的人往往會選擇自信型憤怒方式，而內斂型的人常常選擇沈思型的憤怒方式。具體來講，自信型憤怒的人會直截了當地與惹煩他的人，說出他的苦惱與心情，就是所謂的開誠布公。這種人通常不會責備他人，也不會以挖苦或蔑視他人的方法，對他人進行感情虐待，他不會在一件事情上沒完沒了地糾纏。這種人容易樹立自己的立場，讓他人明白他的底限、準則尺度，以避免類似的事情再次發生。

沈思型憤怒的人首先考慮的是，他能從憤怒中以及引發憤怒的這件事中學到什麼，以後要如何避免類似的情況發生。沈思型憤怒類型的人喜歡問自己：「我的憤怒想要告訴我什麼？是太大的壓力，還是觸動了曾經受傷的記憶？抑或者是我對別人的言辭或行為感到恐懼？」

這種類型的人不會像外向型的人那樣，直白地向對方表達自己的憤怒，抑或是把自己的不滿情緒直接發泄出來。但是這種類型的人也不會把憤怒埋藏於心底，不會把之前受到的不滿情緒，不斷地壓抑與累積。沈思型的人習慣反思，習慣從不愉悅的經驗中反思自己的問題，反思自己從不愉悅的經驗中能夠習得什麼，等等。總之，不管是自信型的憤怒，還是沈思型的憤怒，都有助於人們正確地看待自己的憤怒情緒體驗。

更多時候，純外向型的人與純內向型的人，在人群中佔很少的比例，混合型的人佔多數。因此，不是每個人在情緒不好的時候，都可以向對方大聲地表達自己的憤怒，或者理智沈思讓自己情緒不佳的整件事情。很多人，都需要學習應對憤怒的策略與方法，都需要克制自己的衝動與盲目，需要不斷地學習怎樣合理地拋棄自己的不良習慣。這個修正的過程，不是輕輕鬆鬆地就能練成，需要一個人堅強的克制能力、持之以恆的堅持能力，可是其結果卻是因人而異、顯而易見的。

合理的轉化自己的仇恨

電影《傷城》不是把自我毀滅看成是解決仇恨的唯一途徑，而是通過對比兩個同樣懷有仇恨的靈魂，如何終結仇恨的故事，深刻細膩地表達了仇恨的對面有寬恕，有愛。只有寬恕才能讓懷有仇恨的人，放下心中的怨恨，只有心中的良善才能讓人與人之間的仇恨化為烏有，只有愛才能讓人真正地敞開心懷大聲歡笑。

金城武飾演的阿邦，是一位智謀兼備卻又嗜酒成性的私家偵探。與劉正熙一樣，阿邦也是突然間被丟進了命運的「傷城」中。女友的背叛讓他深受打擊，終日沈迷徘徊，借酒消愁。原來他深愛的女子懷著別的男人的孩子，並為這個男人割腕自殺了。女友的死讓他無法輕鬆自如地繼續從前的生活，痛與恨成為了阿邦存活下去的精神食糧，與前進的動力。

對這個未知男人的恨，讓阿邦同樣走上了復仇的道路。女友死後，揪出這個害死他女友的男人，成為了他必須要完成的使命，也是為女友報仇的唯一方式。他想親手把他殺死來祭奠死去的亡魂，於是，他頹廢、努力地尋找著關於他的點點滴滴。

找著了，看到了，但結果卻想放棄了。在阿邦想要殺死對方的一瞬間，在他想要一拳捶下去的瞬間，他心軟了。原來阿邦的女友死前曾在酒吧裡癡情等過他，但他卻在赴約的途中遭遇車禍，變成了一個植物人。於是，一對有情人從此陰陽兩隔，留下的只是他這個局外人，混沌地掙扎著。看看躺在病床上一動也不動的這個男人，原來也曾如他一樣，深深地愛著她。阿邦恨了三年，卻也是枉然一場。在那一瞬間，阿邦了然了，仇恨掌控了他，讓他差點失去身旁的另一份幸福，所以在最後的一刻，阿邦痛苦卻也輕鬆地放手了。

阿邦選擇了寬恕，選擇了心中的良善。面對病床上的植物人，阿邦女友昔日的戀人，阿邦不僅沒有殺他，反而每週去照顧這個男人。多年的追逐其實是不斷延長受傷的記憶，不斷傷害自身的過程。殺了他能夠償還什麼，殺了他能夠得到什麼。一切皆是因誤會而引起。在《傷城》中，同樣身懷仇恨，同樣「哀莫大於心死」的兩個人，命運卻是截然不同。劉正熙付出了生命的代價，阿邦得到了靈魂的救贖。阿邦瞬間的良心蘇醒，讓他脫離了仇恨的煎熬，走出了自己建築的傷心圍城，也獲得了全新的生命。

劉正熙和阿邦心中都有一座傷城，不同的是，劉正熙選擇了銘記傷痛，而阿邦逐漸在痛苦中，學會了理解與寬容。背負受傷記憶的枷鎖，心中的仇恨只會越積越多。劉正熙雖然得償所願，報了滅門之仇，但同時也失去了一切。阿邦雖然沒有得償所願，但他挽救的不僅是自己，還有愛他的人，他愛的人。曾經他以為可以毫不在意的，在他將要失去的時候，才發現無法割捨。仇恨一步步將他推向深海邊緣。阿邦在痛苦的掙扎中，選擇了淡忘仇恨。他說：「以前想當警察，總想改變世界，到頭來什麼都沒有改變，都不曉得自己在幹些什麼，後來才漸漸發現是世界改變了自己。」

在痛苦中緬懷仇恨，是一種成熟，也是一種進步。用寬容的心化解心中的傷，是理智的上升，也是人性的回歸。這不由得讓我想起了這樣的一個故事，一個寬容的故事。

兩個朋友結伴穿越沙漠，在旅途中因為一些小事他們突然吵了起來，其中一個朋友摑了對方一記耳光。被打的人感覺很受傷害，但他選擇什麼也不說，只是在沙地上寫下了這麼一句話：「今天我最好的朋友摑了我一個耳光。」之後，他們繼續前行。當他們穿越綠洲時，被打的人不小心陷入了泥潭，並開始深陷，之前打他的朋友伸手救了他。在他從幾近淹死的邊緣中蘇醒過來後，他在石頭下刻下：「今天我最好的朋友救了我的命。」他的朋友很是不解，問他：「為什麼我打你之後，你在沙子上寫字，現在卻把字刻在石頭上？」他回答道：「當有人傷害了我們，我們應該把它寫進沙裡，寬恕的風會把仇恨抹去；而當有人為我們做了好事，我們應該把它刻在石頭上，沒有風可以將它抹去。」

人與人之間的恨，主要是指人們之間的恩怨情仇，是屬於個人精神感情領域的範疇。要化解恨首先要明白是哪種性質的仇恨，是情仇還是物仇？如現代社會中的婚變，即可在愛情失敗或愛情搶奪中，因感情失落而產生極度仇視的心理帶來的仇恨。

所謂「愛情可以拯救一個人，也可以毀滅一個人」，講的就是愛情在正確的軌道上運行時帶來的是幸福，而在非正確的軌道上進行時，帶來的可能就是毀滅與仇恨。

在法治社會中，不管是哪一種性質的仇恨，都不要去恨，要學會諒解。恨不是解決問題的方法，恨只會導致更恨，即所謂「冤冤相報何時了」。面對恨，要學會諒解。諒解是一種寬容的表現，它不僅能夠讓我們富有同情心，讓我們變得仁慈之外，更重要的是它能夠減輕由傷害而造成的痛苦，有助於治療傷痛，有利於我們的身心健康。

懂得諒解是一回事，真正做到諒解又是另外一回事，這是艱難不易的過程。但是請不要忘記，要想擺脫過去痛苦的記憶，過嶄新的生活，就必須放棄阻礙我們寬容的因素，如面子問題、虛榮因素等，要設身處地地站在對方的立場想問題，對人生要有合理的期望，對他人也要有合理的要求。只有這樣，你才能真正地學會寬容。

beautiful life

第4章
最複雜的心理——猜疑

培根說：猜疑之心猶如蝙蝠，它總是在黃昏中起飛。這種心情是迷陷人的，是亂人心智的，它能使你陷入迷惘，混淆是非，從而破壞人的事業。猜疑的人，細微敏感，思慮過度，凡事都往壞處想。別人無意之中說的一句話，會被猜疑的人捕風捉影，無中生有。猜疑的人自我偏向太重，總喜歡把與自己無關的事情往自己身上拉扯，總覺得什麼事情都與自己有關。

猜疑心理是一種不健康的心理，它會直接危害到人的健康。猜疑的人容易憂慮，很多事情看不開，容易發生嚴重的身體疾病。同時，猜疑的人會傷害到人際交往，沒有人會喜歡與不相信自己的人做朋友的。所以，克制猜疑心理，對我們維持一種積極健康的心理狀態，至關重要。

猜疑危害了我們的健康

曹操的疑心之重，是世人皆知的啊！不管是他在掌權之前或之後，多疑的性格一直伴隨著曹操左右，影響著他的一言一行，一舉一動。對於一代梟雄曹操的評價，可以這樣說：成也於疑，敗也於疑。

據說東漢末年，皇室衰微，董卓弄權，曹操一心想除掉董卓，重整漢室。誰料刺殺董卓不成，反被追殺。不得已，曹操只能一路逃亡。逃亡途中路過呂莊，他想起了父親的好友呂伯奢就住在此山莊，於是曹操決定拜訪呂伯奢，在此暫歇一宿。

呂伯奢見到故友之子曹操，自然非常高興。又聽說曹操被董卓追殺，關心之情更是溢於言表。呂伯奢吩咐家人殺豬宰羊，盛情款待曹操，自己前往西村買酒。曹操心中有事，在客廳坐臥不寧，忽然聽到後院有「沙沙」的磨刀聲，還有說話聲：「別讓他跑了……」曹操頓生疑心，以爲呂伯奢要殺自己。

於是，曹操拔出寶劍，就這樣曹操只爲自己一時的疑心，不問青紅皂白就將呂家八口殘忍殺害。只是曹操從前院殺到後院，也沒見著呂伯奢。後來曹操在後院看到角落裡捆著一頭豬，才知自己殺錯了人，但曹操擔心呂伯奢知道後告發自己，於是把從西村打酒回來的呂伯奢也給殺了。曹操的同伴責備曹操此舉不義，畢竟呂伯奢幫助過落難中的曹操。但曹操的回答是：「寧我負人，毋人負我。」

曹操的疑心不只如此。據說曹操為建始殿，親自揮劍砍伐臥龍祠前的梨樹，得罪了梨樹之神，當晚做了噩夢，驚醒之後得了頭痛頑症，遍求良醫，均不見效。這或許只是一個傳言故事，但歷史中的曹操確有頭痛總是發作的頑疾。後來有人向他推薦了華佗。

華佗診脈視疾之後，認為曹操的頭痛是因為中風而引起的，病根在腦袋中，不是服用湯藥就可以解決的，需要服用痲肺湯，即一種痲醉劑，利用利斧砍開腦袋，取出風涎，方可根除。曹操聽後，並沒有認為這是名醫倡導的醫治之法，而是非常憤怒，懷疑華佗是要謀害於他，於是下令把華佗投入監獄之中，致使一代名醫屈死獄中。

此後，曹操病勢越來越重，疑心也越來越重，常自言自語：孤縱橫天下三十餘年，群雄皆滅，只有江東孫權，西蜀劉備，未曾剔除。對司馬懿三父子更是疑心加憂慮，常夜夢三馬同槽而食，狐疑不定，弄得病勢轉危，長嘆一聲，氣絕而死。

心理學家認為曹操患有中風與其多疑的性格有很大的關係。多疑的性格常常讓曹操焦慮不已，發怒不止，使他情緒多變，起伏不定。處心積慮地懷疑他人，揣摩他人，必然會磨損人的身體機能，各系統功能必然失調，免疫力隨之下降，各種疾病就會乘虛而入，特別是對於那些年事已高者，多疑往往容易引起情緒的爆發，導致大腦皮層機能紊亂，血管收縮，神經興奮性增高，全身細小動脈痙攣，致使血壓驟升而突發中風。

可見，疑心對人的影響有多大，不僅影響人身體的健康，也影響人們心理的健康。

在日常生活中，我們常常會碰到一些疑心病很重的人，這些人看到別人在講悄悄話時，就以為是在說他們的壞話；別人態度冷淡一些，他們就會覺得人們對他們有成見。他們總是疑神疑鬼，懷疑他人看不起自己，會加害於自己，他們不相信別人，不相信自己。如果有人對他好一點，他也會覺得人家是別有用心，居心不良。別人脫口而出的「無心之語」，也會被疑心重的人看得很嚴重。他們總是不厭其煩地揣摩別人口中的話語，挑選片面之詞加上自己的主觀臆想，懷疑這些人居心叵測，無端給人定罪。

疑心重的人，總是習慣自己一個人胡亂猜想，猜想他人這麼說這麼做的動機之所在，而猜想的動機往往偏向於不利於自己的方向，如危害自己，蔑視自己等。習慣猜疑的人不喜歡與人交談，他們把一切都藏在心底，不管是誤會也好，還是爭執也好，他們都不去化解，不去探討背後的真相。他們想當然地以為自己知道的就是真相，殊不知已陷入了自己設定的死角中。把糾結置於心底，就如同把痛苦置於心底一樣。痛苦時時刻刻啃噬著他們多疑的個性，讓其更加痛苦、更加鬱悶。最終導致的結果不是身體出了毛病，就是心理出了毛病。

疑心病重的人，不能輕鬆地與他人敞開心懷，進行正常的人際交往，因為他們總是在懷疑別人，總覺得這個世界上除了自己就再也沒有其他人可以相信了。久而久之，身邊的人一個一個離他而去，他還不知道原因是出在自己身上。他們不交心，也不相信別人，他們沒有好人緣，逐漸地封閉了自我。困於自己的世界，既阻隔了外界信息的輸入，也使自己無法體驗、感悟人間真情的流露。

於是，惡性循環，他們更加地懷疑自己，處處神經過敏，事事捕風捉影，完全體驗不到信任為何物，體驗不到信任他人帶給自己的那份愉悅感，最終弄得自己身心疲憊，產生自卑、怯懦、消極的不健康心理。疑心始終是害人又害己的不良習慣。

我們為什麼會喪失信任

話說早年，一個窮漢與結髮妻子含辛茹苦度時日，爲了生計每天去撿垃圾換點散金碎銀糊口。讓自己的妻子過著這樣的生活，男人不禁流下了痛苦的淚水：「我這樣沒出息，讓你這般受苦……」妻子笑著安慰自己的丈夫：「我相信你，你會撿回一座金山的！」幾年以後，曾經過著窮苦生活的男人，成了遠近聞名的破爛大王。在妻子的信任與鼓勵之下，他不斷開拓新的領域，最終登上事業成功的巔峰。

故事有點老套，但故事中體現的信任卻不老套。

心理學對信任的定義是相信而敢於託付。在上面提及的故事中，妻子對丈夫的那種信任，是令人感動而又震撼的。丈夫在最艱難、最窘迫、最需要溫暖的時刻，得到了妻子信任的激勵，維護了作為一個男人所該有的自尊。妻子用信任的雙手呵護了丈夫乾枯的心田，猶如注入了甘甜的泉水。於是，「山重水盡疑無路，柳暗花明又一村」的奇蹟，就發生在了這一對相濡以沫、相互信任的夫妻身上。奇蹟的發生源於存在的信任。

信任是難能可貴的，尤其是深處於變化莫測的現代社會中的我們，尋求一份信任，維護一份信任，更是不容易。讓我們再來品味一個關於信任的故事——

公元前四世紀，在義大利有一個叫皮斯阿斯的年輕人，因爲觸犯了王法而被判處死刑。皮斯阿斯是個孝子，他希望在他臨死之前能夠見一見遠在千里之外的母親，以表達他對母親的歉意，因爲從此以後他再不能孝敬母親了。

國王被皮斯阿斯的這份孝心所感動，於是同意他回家與母親相見，但條件是皮斯阿斯必須找一個人來替他坐牢，否則他的願望就不能達成。這看似是一個簡單的條件，但事實上卻非常難，甚至不可能實現。試問：有誰肯冒著被殺頭的危險替別人坐牢啊？這簡直就是自找麻煩，自尋死路呀！然而，皮斯阿斯的朋友達蒙在聽說這一條件後，義無反顧地站了出來，答應了國王的要求。

達蒙進了牢獄之後，皮斯阿斯回家與母親訣別。日子一天一天地過去了，皮斯阿斯一去不返。眼看刑期在即，皮斯阿斯卻還沒有回來的跡象。刑期的那一天，達蒙被押往刑場，人們都說達蒙上了皮斯阿斯的當了，有人嘲笑他的愚蠢，有人替達蒙惋惜，更多的人痛恨那個出賣朋友的皮斯阿斯。但因車上的達蒙絲毫沒有懼色，反而展現出的是一副慷慨赴死的豪情。

追魂炮被點燃了，絞索也被套在了達蒙的脖子上。膽小的人嚇得閉上了眼睛。可就在這千鈞一髮之際，皮斯阿斯飛奔而來，他高喊著：「我回來了，我回來了！」刑場上的所有人，都被這一幕深深地撼動了，大多數的人都以爲自己是在夢中呢！但事實不容懷疑，皮斯阿斯最後一刻趕回來了。消息傳到了國王的耳朵裡，國王同樣是一副不能相信的表情。他甚至親自趕到了刑場，然而，他看到的卻是鐵一般的事實。國王驚喜萬分，爲有這樣的子民而感到由衷高興。他親自爲皮斯阿斯鬆了綁，並親口赦免了他的罪。

這是一個傳說中的故事，但我們寧願相信這是真實發生的事。皮斯阿斯與達蒙之間的信任，不僅是他們之間多年的情誼，還是個生死關頭。這同樣是信任創造的奇蹟。

不管是遠古時期，還是信息多變的現代社會，我們始終相信人世間存在著信任這份珍貴的禮物。但在相信的同時，我們也不得不承認現實生活中，還是存在信任喪失的現象和猜疑之心的衍生現象。針對疑心重重的人，喪失信任的人，我們不禁要問：信任有著這麼大的神奇魔力，人們為何還要抗拒它呢？

古人云：「長相知，不相疑。」反之，不相知，必定長相疑。對他人懷疑，對他人缺乏信任，往往與自信不足有關。疑神疑鬼的人，看似懷疑別人，實際上，也是對自己存有懷疑，是自信心不足的表現。有些人在某些方面自認為不如別人，因而總以為別人在議論自己，看不起自己，算計自己。

有氣吞萬里之志、定國安邦之才的一代奸雄曹操，卻是一副多疑、暴虐、喜怒無常的性格。心理學家分析他的多疑個性源自於他的不自信。很多人可能會驚訝，曹操也會不自信，也會自卑？事實上，他的不自信與自卑，源於他不明不白的身世。曹操的父親是曹嵩，曹嵩是曹騰的養子。曹騰雖貴為費亭侯，卻自幼是一個宦官。在當時講究家庭和出身背景的社會風氣下，宦官是一個被人歧視，看不起的階層，深受那些出身名門的官僚大夫的輕視。所以，事業如日中天的曹操，還是無法逃脫世俗眼光的審視。曹操父親對宦官出身的自卑情結，從小就深深地根植於曹操的潛意識中。

除了宦官身分，曹操的自卑還源自於他的相貌。魏晉時期的人都很注重個人的儀表風姿。相比較袁紹和劉備的帝王之相，曹操只能算是「身長七尺，細眼長髭」。他個子不高，相貌更是無可取之處。這與當時曹操所取得的成就是極其不相符的，身處高位的他，難免會因自己的相貌而心生自卑。

曹操的自卑情結深深地影響著他，他不相信任何人，對涉及自己利益的事情，也總是萬分地猜疑。在因疑心而錯殺父親故友呂伯奢之後，曹操也毫無愧疚之心，「寧我負人，毋人負我」的回答，更是深刻表露出了他自卑潛意識之下的猜疑性格。

現實中的人們疑慮重重：當他走進辦公室時，熱烈交談的同事突然鴉雀無聲了，他就懷疑同事們肯定是在說他壞話；當平日裡對他熱情關照的領導某天態度忽然淡漠了，他就認為老闆對他有成見了，或者同事向老闆說他壞話了；當他穿著一件自己非常喜歡的衣服，出現在眾人視線裡，卻沒有得到他想要的讚美時，他立刻會產生——「自己穿這件衣服不好看」的疑慮心理，於是心愛的衣服從此被壓在箱子底下……

事實上，你剛進辦公室別人就鴉雀無聲了，那是因為他們突然發現跟在你後面的是一臉嚴肅的老闆，而你自己卻沈浸在自己的猜疑中，而沒有發現尾隨在你身後的老闆；一向熱情的老闆某天忽然冷漠了，是因為那天老闆與老婆吵架了；別人沒有讚美你穿的新衣服，是因為他們壓根就不知道你穿的是新衣服呀……所以，當你了解事情真相之後，你還會那麼疑慮憂心嗎？你對自己的不肯定，不自信導致了你無端的猜測。如果能夠正確地面對自己的優勢缺陷，能夠正視自己存在的意義，那麼這種猜疑是不是就不會發生，信任是不是就不會喪失？我想，答案是肯定的。所以，請記住：你就是一道風景，沒必要在別人風景裡面仰視。

管中窺豹的蛛絲馬跡是可信的嗎？

東晉著名書法家王羲之的兒子王獻之，從小就非常聰明，寫字、繪畫都非常出色，深得父親的喜愛。有一次，他看到父親的幾位門生在玩樗蒲（古代的一種遊戲），好奇心甚重的王獻之自然也圍了過來。不一會兒，不甚精通樗蒲的王獻之對其中一位門生說：「你就要輸了……」門生很不服氣，就對王獻之說：「你這是管中窺豹，只見一斑呀！」但結果這位門生真的輸了。其他人對王獻之小小年紀就如此聰慧，感到實在非常佩服。

「管中窺豹」從字面意義上來理解，就是說從竹管中透過視線來看豹子，由於視線受到竹管圓孔面積的限制，而無法看到全豹，只能看到豹子身上極具豹子特徵的斑點花紋，於是就此推論出這是一隻豹子。這個成語最初是用於褒義的，是指人們從觀察到的事物的一部分，來推測該事物的全貌，是一種極具智慧的思考方式，通常用來讚揚那些從小事情中理解大道理的聰慧之人。如王獻之管中窺豹，卻能準確地觀察出事情的發展趨向，不得不令他父親的眾多門生對他刮目相看，讚嘆有加。

細緻入微的觀察有時候確實能夠讓人從部分的體驗中覺察到事情全部的真相，如心理諮詢師需要的就是一種深刻細膩的察覺與感悟。從來訪者偶爾、不經意間表現出的一個小動作，無意間說出的一句話，諮詢師立刻就能夠斷定其背後隱藏的心理動態。於是，循循善誘，耐心開導，諮詢師用其敏銳的感覺一點一滴地把來訪者意識不到的矛盾糾結公開化、清晰化，一層一層，抽絲剝繭，直至來訪者豁然開朗。這是一個漫長艱難的過程，這個過程需要「管中窺豹」，從「只見一斑」推測出事實的全部面貌。

如果僅僅只是從竹管中透過視線看到類似豹子的斑點花紋，就認為是一隻豹子，那就與「盲人摸象」沒什麼區別了。想想看梅花鹿身上的斑點花紋並不遜色於豹子身上的紋斑，我們有什麼理由從一支小小的竹管中就能窺探出全部的事實呢？要知道王獻之之所以能「管中窺豹」，在於其細膩的觀察能力、分析能力，以及思考能力。

對於大多數人來說，管中窺豹中窺探到的蛛絲馬跡是否可信，就成了人們熱中關心的話題。我們總以為我們看到的就是事情的全部真相，於是我們夸夸其談，大聲高呼：「我們的見解是正確的，我們的推理是嚴密的……」至於別人的反駁，不管正確與否，堅持片面觀點的人們，總是不習慣接受，習慣認為自己正確的人往往比較偏執，比較倔強。事實上，由一粒沙能否看到全世界，由一滴水能否了解整片大海，這是不言而喻的。可是，全世界人都知道的事情，為什麼發生在我們的身上，我們就偽裝自己了呢？

把部分的數據或事件看成是事實的全部，人可能就會止步不前，無法取得更大的成就，人類社會也就不會發展到如今這般現狀了。在哥倫布發現新大陸之前，是存在世界地圖的。如果哥倫布「管中窺豹」，那麼，他的航海之行是否還會有所發現呢？《物種起源》的創始人達爾文，登上海軍勘探船，幾次身臨絕境的叢林探險，才得以蒐集萬千的動植物標本。如果達爾文「管中窺豹」，那麼《物種起源》還會成為劃時代的巨著嗎？他還會成為進化論的創始人嗎？

星光璀璨的娛樂圈，吸引了無數的少男少女，他們為它癡迷，也為它瘋狂。他們選擇自己喜歡的偶像加以崇拜，並通過各種各樣的方式維護著自己心中的那片聖地。但繁華的背後，是否真的是一片純淨呢？孩子們的「管中窺豹」，是否窺到了全身？「豔照」在網上流傳、明星自殺事件、「潛規則」事件等層出不窮地出現在各大媒體、網絡上，事實告訴我們，光彩熠熠的表面，其實背後隱藏了太多黑暗的色彩，走在圈外的孩子們，又怎能輕易讀懂呢？

患得患失的心理在作怪

人有疑心，無可厚非，只要有根據，懷疑得合情合理，自然是可以理解的。所謂「害人之心不可有，防人之心不可無」也屬正常。如果沒有根據無端地衍生懷疑，猜疑這個，猜疑那個，對誰都心存芥蒂，其結果自然是傷人又傷己。無端地猜疑是人性的弱點之一，它使生活中的人們常常忘記了信任的存在，給自己無緣無故增添了一副沈重的精神枷鎖，使敏感的心更加地脆弱不堪。

猜疑就像一條無形的繩索，它時刻捆綁著人們的正常思考。只因為一些根本不存在的事情而多生疑慮，憂愁煩惱，甚至鬱鬱寡歡。猜疑的人不能夠很好地與朋友溝通，常常是牛頭不對馬嘴，最後，朋友一個一個地選擇離開，剩下的就只有越加孤獨寂寥的自己。無端猜疑的人如果認識不到自己的問題所在，常疑神疑鬼，神經高度過敏，對他人總抱著一種不相信的態度，將會嚴重地影響到其正常的社會交往能力，並損害自己的身心健康。

猜疑一般都是無客觀依據的猜測，無中生有地起疑心，對人對事都不放心，懷疑別人會對自己不利。他們總習慣從主觀臆想出發想問題，圍繞著自己打轉，轉來轉去關注的始終是自己是否受傷？自己是否獲利？生性猜疑的人不懂得站在別人的角度想問題，不懂得與人為善就是與自己為善的神奇魔力。他們懷疑他人對他好是別有用心，他人對他不好是嫉妒排斥他，總之，做什麼事情都要以自己的利益中心為旋轉軸進行旋轉。有了利益，同樣的一件事情在他看來味道就完全不同了，他對待它的態度，對待周圍人的態度，也會隨之而改變。

現實生活中，把得失看得很重的人，容易把對手的善意看成是別有企圖，懷疑對方善意的動機，主觀地把對方打入不被相信的黑名單中。事實上，他們不友好，他們抱持敵意，是因為他們害怕別人搶奪他目前正在全力以赴爭奪的東西，擔心他獲取的籌碼減弱或消失。把他人的善心看成是居心叵測的偽裝，是因為心胸狹隘的斤斤計較。

患得患失的人，特別在意得到什麼，又會失去什麼，如名利、地位等。「熙熙攘攘為名利，時時刻刻忙算計」，結果多半會是「算來算去算自己」。患得患失的人，時刻計較的人，就如在痛苦與無聊，欲望與失望之間搖晃的鐘擺，永遠沒有真正滿足，真正幸福的一天。

給自己一個堅守的原則

因嫉妒而猜疑，是一種病態的人格特徵，經常是人間悲劇的導火線。嫉妒猜疑使人心胸狹窄、鼠目寸光。猜疑的人常常因為一些無中生有的事情，親手把自己捲入消極、怨恨、仇視、攻擊等不良的心理漩渦之中，不僅嚴重妨礙到自己的身心健康，更重要的是直接傷害到無辜的人，釀成眾多的人間悲劇。

猜疑成性的人總是以自己主觀的意願看待周圍發生的一切，他們常常得不到周圍人的理解，也聽不進去別人給的勸解，久而久之，容易形成悲觀情緒，冷漠態度，甚至是對生活失去信心，產生消極的自我毀滅的念頭。嫉妒猜疑容易使人對無辜之人產生怨恨、泄憤的攻擊心理，懷疑他人對自己構成了威脅，使自己受到了傷害，於是一念之間喪失理性，刻畫的就是天堂與地獄的鮮明寫照。

一個心胸寬廣、正直善良、虛懷若谷、自信滿滿的人，一般不會對他人的優勢與成功產生嫉妒之心，不會把地位、權勢高於自己的人表達的善意，看成是居心叵測的嘲諷。他們相信自己，也相信他人，相信世間善的力量，相信人間真情的存在。他們能夠客觀地看待人與人之間的相處模式，能夠客觀地看待他人對自己的認可與評價，也能夠給予他人正確的自我反饋，從而促進雙方之間更為和諧的互動交往。

莎士比亞的《奧賽羅》在歐洲戲劇發展史上佔有重要的地位，是當時歐洲文學傑出的代表之一。仔細揣摩，不難讀懂歌劇中的男主人公奧賽羅，嫉妒猜疑的殘缺性格，是導致這齣歌劇最後以悲劇收場的關鍵原因之所在。

奧賽羅是威尼斯公國的一員大將。英勇豪爽、正直善良的奧賽羅，深深地吸引了元老那天真癡情的女兒苔絲狄夢娜，她不顧父親的阻抗與社會的歧視，硬是把自己一生的幸福與責任，委託在這個漂泊流浪的異邦人身上，與奧賽羅結了婚。按我們常人的理解，兩個眞心相愛的年輕人穿越層層的阻抗，最終走到一起該是多麼彌足珍貴的呀！他們一定會用心呵護他們的這段感情，維護好這段得來不易的婚姻，相持相守一生一世。然而，如果眞是這樣的話，也就不會有悲劇的產生了。

奧賽羅手下有個陰險的旗官伊阿古，他爲了自己的前途，爲了升官發財，不惜顚倒是非黑白。因爲沒有升上副將，他在奧賽羅面前百般挑撥苔絲狄夢娜和另一員副將卡西歐的關係，陰險狡詐地破壞奧賽羅夫妻的感情。伊阿古僞造的定情信物和善良的苔絲狄夢娜對卡西歐的求情，讓奧賽羅信以爲眞，被嫉妒心沖昏頭腦的奧賽羅一怒之下，掐死了自己的妻子。事後，當他得知眞相時，卻爲時已晚。悔恨的奧賽羅最後拔劍自刎，倒在了深愛自己的妻子身邊。

實際上，奧賽羅嫉妒猜疑的性格，也是源於他的不自信。奧賽羅是個受當時社會歧視的黑人，在內心深處他有著深深的自卑感。潛意識裡他感覺自己是配不上苔絲狄夢娜的，因此當伊阿古挑撥他的妻子與卡西歐有染時，自卑感讓他更覺得自己無法與卡西歐相比，他的內心產生的是深深的恐懼。因為他愛他的妻子，非常的愛，所以他非常害怕失去她。苔絲不停地為卡西歐求情讓他更有理由懷疑妻子對他的背叛，因此他才會對伊阿古的讒言深信不疑。

如果奧賽羅不聽信伊阿古的讒言，他也不會殺死自己的妻子，悲劇也就不會產生。奧賽羅雖然正直善良，英勇善戰，但相對地他思想單純。婚姻的美滿，順暢的人生歷程讓他看不到世界的黑暗面，也無法理解這個世界上會有像伊阿古這樣的奸佞小人。他單純簡單的思想，讓他在碰到邪惡的時候極容易懷疑、否定自己擁有的幸福，再加上害怕失去妻子的恐懼，被小人利用、左右也就順理成章了。

當然，如果奧賽羅是個理智、冷靜的男子，那麼，縱然有多大的懷疑，他也不會將自己的妻子殺死。他是個武將，擁有強大的爆發力是他成功的必備條件。他的大男子主義使他容不得自己的妻子對他有任何的不忠，即使是謠言，他也選擇不相信妻子，而不是去驗證謠言是否為真？

當他看到妻子的手絹在卡西歐手裡的時候，當妻子不停地為卡西歐求情時，他的自尊受到了強烈的挑戰。他的懷疑在他虛榮的外表下變得如此強大，於是衝動的他不顧一切地殺死了妻子，即使垂死的妻子想要向他做解釋，他也完全聽不進去。衝動、暴躁、嫉妒讓他喪失了理智，讓他對謠言深信不疑，悲劇就此釀成。

歌劇從嫉妒開始，以警鐘般悲劇性的結局留給了人們無盡的沈思。如果奧賽羅能夠堅守他與苔絲狄蒙娜之間的那份珍貴情感始終如一，悲劇是否還會發生？如果奧賽羅相信自己的妻子對自己始終如一的真愛，相信自己值得妻子一生的付出的話，奧賽羅是否還會輕信奸佞小人的挑撥之語？

如果……如果有太多的如果，結局必定會大不同。遺憾的是悲劇始終是悲劇，因為是悲劇，所以留給人的印象才如此深刻與震撼。

古往今來，因嫉妒猜疑心理而導致悲劇的人很多。《三國演義》中曹操懷疑華佗有殺他之心，於是將其囚禁於牢獄之中，致使一代名醫屈死獄中；同樣，在《三國志》

中，周瑜對諸葛亮的妒忌猜疑，使他仰天長嘆——「既生瑜，何生亮」，最後口吐鮮血，嗚呼哀哉！曹丕對弟弟曹植的嫉妒猜疑，促成了——「煮豆燃豆萁，豆在釜中泣。本是同根生，相煎何太急」的千古傳頌的絕唱；《紅樓夢》中林黛玉，就因其性格多愁善感，嫉妒猜疑，最終也只能是積鬱成疾，吐血而死。

再看看我們身邊，因嫉妒而猜疑的也是大有人在。流言蜚語滿天飛，指桑罵槐的也是層出不窮。對比自己優越的人，人們總是心懷不滿，暗自攀比，暗中爭鬥，你瞧不上我，我看不起你，最後鬥得兩敗俱傷。對他人的善意總是報以一種敵意、懷疑的態度，不相信人家會對他這麼好，不相信無條件付出的美德，猜疑這個懷疑那個，弄得是人心惶惶，焦慮不已。我們為什麼不堅守一個信任的原則，多一些寬容與體諒，多相信一些世間還有美好的存在，少一些猜疑，多一份信任，我們的收穫會更多，快樂也會更多！

猜疑折射出來的真實想法

培根說：「猜疑之心猶如蝙蝠，它總是在黃昏中起飛。這種心情總是迷陷人的，又是亂人心智的，它能使你陷入迷惘，混淆敵友，從而破壞人的事業。」在人與人的交往中，疑心病重的人思慮過度，凡事都往不利於自己的方面想。說者無心，聽者有意，捕風捉影，無中生有，是猜疑之人共同具有的特性。

大家耳熟能詳的寓言典故《杯弓蛇影》，反映的就是天下本無事，庸者自疑之的情況。應彬是汲縣的縣令。某天他的一位老朋友前來拜訪他，應彬設宴款待。兩人相談甚歡。當朋友端起酒杯正欲飲酒時，他看見酒杯中有一條遊動的小蛇，但出於慣性的力量，他已經把酒喝進肚子裡去了。朋友當時非常害怕，可礙於情面，他並沒有向應彬談及此事，只得匆匆趕回家中。回去之後，應彬的朋友頓覺胸腹疼痛難忍，之後茶飯不思，身體日漸消瘦了下去。家裡的人為他請了很多的醫生，用了好多的辦法，可是他的病一直不見好轉。

老朋友那天拜訪之後，已經好長一段時間沒有消息了。應彬覺得甚是奇怪，於是決定到朋友家去回訪。見著朋友之後，應彬嚇了一跳。只見朋友面容憔悴，身體虛弱不堪。應彬急忙問是什麼原因。朋友如實相告，「上次在你家喝酒，發現酒杯中有一條遊動的小蛇被我喝進肚子裡去了，我非常擔心與害怕，回家後就一病不起了……」

應彬聽完朋友的訴說後，心中非常疑惑，總覺得事情有些蹊蹺，酒杯中怎麼可能會有蛇呢？回到家後，應彬還在琢磨這件事情。猛一回頭，他看見了牆上一直懸掛著的弩弓。應彬心裡一下子全明白了。

之後，應彬專門備了馬車，把老朋友再次請到家中，重擺宴席，仍讓朋友坐在原來的位置上。當朋友拿起酒杯一看，朋友驚叫了起來，杯中又出現了遊動的蛇。這時，應彬也端起了自己的酒杯走到朋友的座位旁，將自己的酒杯端給朋友看，裡面同樣有蛇的影子在。後來，他請朋友端著酒杯離開自己的位置，朋友一看，蛇影消失不見了。朋友心中非常迷惑。

這時，應彬請朋友回頭看看身後牆上掛著的那把弩弓，並對朋友說：「弩弓映在酒杯中，就是你看到的杯中的蛇，其實那只是弩弓的影子，杯中根本就沒有什麼蛇……」朋友一開始還半信半疑，直至與應彬演練幾遍，這才恍然大悟。心中多日的惆悵瞬間消失不見，精神一下子清爽了許多。之後，病痛就全好了。

疑心病重的人，容易陷入庸人自擾的泥沼中難以自拔。在我們周圍也會見著類似應彬朋友這樣的人。外出吃飯，有些人總覺得餐廳很不乾淨，好像餐廳的桌子、餐具都帶有病毒細菌似的。落座之前，把椅子、桌子是擦了又擦，還總覺不對勁，就差沒有拿根銀針在飯菜裡，試一試飯菜有沒有毒了。實際上，愛乾淨，講衛生並沒有什麼不對，相反還應該得到提倡。但任何事情做得過度了，就會朝反方向發展。

既然選擇外出就餐，就應該尊重餐廳。尊重對方，實際上也是在尊重你自己。太多的猜疑，只會讓自己更困惑，讓周圍的人徒生不解，感覺不舒服，最後造成不必要的麻煩。疑心太重，結果只會是自尋煩惱。

此外，無端猜疑的人，自我牽連傾向往往太重。總覺得別人說的話、做的事與自己有關，他們對他人的言行表現出了過分的敏感與不信任，這份不信任反過來又會驅使他們去剖析他人背後的動機與目的，最終讓自己陷入作繭自縛、自尋煩惱的困境中，逐漸失去他人的信任。

有的人在聽到別人讚揚他之後，顯示出的卻是一副憂心忡忡的神情。他懷疑這個人是在挖苦、諷刺他，他認為人家對他的讚美不是發自於內心的，而是「別有用意」。所以，在這種情況下，他總會以一種審視的目光看待對方，甚至充滿了敵意。當對方感受到他散發出的抵抗性的態度時，心情又如何能夠輕鬆呢？「我明明是在真心讚揚他，真的覺得他很不錯，怎麼反而會顯得如此怪異呢？」頻頻搖頭之後，對對方善意的友好表示自然也會終止。

星期一早上，小雨穿了一件新買的公主裙去上班。衣服是昂貴，重要的是它非常適合小雨。穿上它，小雨頓覺自己是如此的清麗脫俗。小雨多麼希望公司的同事在見著她之後，能夠流露驚讚的目光呀！那天早上，小雨踩著輕快的步子踏入了公司的大門。同事在看見她之後，像平常一樣與她打了招呼，之後，就各忙各的事情了。平常與小雨很交好的兩個同事，也沒有像平常那樣熱情高漲，只是互相看了看小雨，淡淡地問候了一下，之後兩個人就相繼走出去了。

說實話，這時候的小雨心裡非常不舒服。「難道是自己穿的這件衣服不好看？」「他們沒有任何反應，也許這件衣服眞的很不適合我……」「他們爲什麼要那樣看我呢？」「是我做錯什麼了嗎？」……懊惱不已的小雨，開始坐在她辦公的位置上，回想那兩個同事對她的不尋常態度。她認爲——「這兩個同事在看到她穿的新裙子之後，產生了強烈的嫉妒心，因爲她們是那樣的黯然失色。她們現在走出去，肯定是到洗手間說她壞話去了！」

猜疑之心驅使小雨尾隨進洗手間，卻發現沒有人在。之後，她又去了休息室，發現也沒有人。最後，她在公司走廊的轉角處找到了那兩個同事，果然看到他們在竊竊私語。這時的小雨更加肯定了自己的想法，於是，怒氣沖沖的她衝上去就質問同事：「我穿的新衣服有這麼礙眼嗎？用得著這樣計較嗎？還跑到外面來指責、攻擊我。」小雨的兩個同事頓覺莫名其妙道：「什麼新衣服啊？什麼指責啊？」「我們在談上個禮拜還沒完成的工作呢，擔心影響大家，所以才來這裡談的呀……」她們疑惑不解地看著憤怒的小雨，面面相覷。這時，小雨朝自己一看，原來她還沒來得及脫掉外面常穿的那件舊風衣呢！新裙子此時還靜靜地被包在舊風衣裡自我陶醉，自我欣賞呢！

也許，這樣的醜事也曾經發生在我們身上，我們周邊吧！很多時候，我們帶著濃郁的主觀觀念，圍繞著自己的所思所想看待他人的言行，習慣設想假想性的目標，並以此目標為出發點來進行思考，驗證我們的設想。這樣的思考是非理性的，也就是我們常常講的戴著「有色眼鏡」去觀察別人，用他人的舉動來驗證自己的想法，因而常常歪曲事實，誣陷他人。

疑心病重的人既要以別人的評價，作為衡量自己言行的是非標準，又很在乎別人的說長道短，最後陷入了困惑自己的死角中而無法自拔。尤其是當別人的態度不明朗時，他們總是從不利於自己的方面去懷疑他人，自尋煩惱。

審視自己的出發點

猜疑一般總是從某一假想目標開始，最後又回到假想目標，就像一個圓圈一樣，越畫越粗，越畫越圓。猜疑的人，容易混亂自己的思維，抓不住自己心的指向，最後也只能圍著自己所設想出來的觀念打轉。尤其是在人與人的交往中，他們禁錮於自己的思維角度上，不去體會他人內心的語言，結果是困住了自己，也迷惑了他人。

一個人丟了斧頭，怎麼找也找不著，就懷疑是鄰居家的小孩偷的。他以自己設想的這個假想目標為出發點，觀察鄰居家小孩的言談舉止、神色儀態，覺得無一不是偷斧頭的樣子。錯誤的出發點導致錯誤的思考，其結果進一步鞏固和強化了原先錯誤的設想目標，他斷定竊賊非鄰居兒子莫屬了。可是，不久之後，他找到了斧頭，這時再看那個鄰居家的小孩，竟然就一點也不像偷斧者了。

「疑人偷斧」的寓言清楚地告訴我們，面對需要審視的事情時，首先要審視自己的出發點。如果出發點偏了，那結果還會正嗎？

一個勞改犯人在外出修路時，撿到了一千塊，然後毫不猶豫地交給了警察。可是，警察卻輕蔑地對他說：「你別來這一套，用自己的錢變著花樣賄賂我，想換減刑加分，你們這些人就是不老實！」

面對警察的侮辱與蔑視，犯人萬念俱灰，他覺得這個世界上再也不會有人相信他了。於是，在一個漆黑的夜晚，他成功地越獄了。逃亡途中，他大肆地搶劫錢財，準備逃亡。在搶得足夠的錢財後，他乘上開往邊境的火車。火車上非常擁擠，他只好站在廁所旁。這時，一位十分漂亮的姑娘走進廁所，關門時卻發現門扣壞了。她走出來，輕聲對他說：「先生，你能爲我把門嗎？」他一愣，看著姑娘純潔無邪的眼神，他點了點頭。姑娘紅著臉進了廁所，而他卻像一位忠誠的衛士一樣，嚴嚴地把守著門。

在這一剎那間，他突然改變了主意。在下一站火車停下時，他下車到該地車站派出所投案自首了。

這是一個關於信任的故事，也是一個關於拯救的故事。來自靈魂深處，勝過金錢和武力，信任洗滌了黑暗的靈魂，喚醒了人性的良善。但同時也給人們留下了深刻的反思：有些人為什麼不能夠拋開成見、拋開疑慮、拋開世俗，給予需要溫暖、需要認可的人，一個嶄新的信任的擁抱呢？姑娘純潔清澈的眼神，恰好凸顯了警察吝嗇給予他人信任的狹隘心胸啊！如果警察能夠重新審視自己的出發點，就事論事，他拯救的就不只是這個囚犯，而是千萬個囚犯了。

祛除猜疑，給自己一份堅守的良善本性，才能相信他人，相信自己，才能創造不平凡的奇蹟。

第二次世界大戰期間，聖誕夜發生的一個故事，讓我們相信人性中善良的溫情，讓我們相信只有相信他人、和諧共處，才能成為人們記憶中的永恆經典。

風雪交加的寒冬冷夜，兩個迷了路的美國大兵拖著一個受了傷的兄弟，敲響了德國西南邊境，亞爾丁森林中的一棟小木屋的門。小木屋的主人，是一個善良的德國女人，她輕輕地拉開了門上插梢。屋子裡洋溢的溫暖，瞬間擁抱了三個又冷又餓的美國大兵。

女主人微笑著邀請他們進來享用她早已準備好的聖誕晚餐，她沒有絲毫的慌亂與不安，也沒有絲毫的警惕與敵意。一切都是那麼的自然與隨意，就好像是認識好久的朋友來拜訪她一樣。

這個善良的德國女人，在見著美國大兵的那個瞬間就相信：他們只是戰場上的敵人，而不是生活中的壞人。美國大兵們靜靜地坐在爐邊烤火，除了燃燒的木柴偶爾發出一兩聲脆響外，屋裡安靜得幾乎可以聽見雪花落地的聲音。

就在這時，門又一次被敲響了。站在門外的不是來送禮物和祝福的聖誕老人，而是四個同樣疲憊不堪的德國士兵。聰慧善良的女主人用智慧的語言告訴她的同胞：「這裡有幾個特殊的客人。今夜，在這棟彌漫著聖誕氣息的小木屋裡，要麼發生一場屠殺，要麼一起享用一頓可口的晚餐。」在女主人的授意下，德國士兵們禮貌地向屋子裡的客人點頭示意，之後魚貫進入小木屋，並且順從地把槍放在牆角。

在戰場上廝殺的兩國士兵，在一個奇特的夜晚，見證了第二次世界大戰史上最爲奇特的一幕：一名德國士兵慢慢蹲下身去，開始爲那名年輕的美國士兵檢查腿上的傷口……沒有人擔心對方會把自己變成邀功請賞的俘虜。

第二天，睡夢中醒來的士兵們，在同一張地圖上指點著，尋找著回到己方陣地的最佳路線，然後握手告別，沿著相反的方向，消失在白茫茫的林海雪原中。

也許是聖誕節這個特殊的夜晚，給予了飢餓疲乏中的人們一股濃濃的溫暖與思念，讓他們輕而易舉地卸下了心防；也許是德國女人慈愛良善的溫暖目光，給予了焦慮困惑中的人們，一股堅信人性存在的強大力量；也許是跳動的燭光，勾起了他們友善的心懷，也許是苦楚的傷痛，讓他們暫時忘記了廝殺……不管原因是什麼，聖誕節的那夜確實產生了奇蹟。溫暖的女人給了他們溫暖的信任，他們彼此之間沒有了隔閡，至少在那時那刻，他們之間是彼此信任的，他們都堅守了信任的原則……

在生死攸關的時刻，人們都能夠做到釋懷仇恨，彼此信任。為什麼在安靜平和的環境中，反而容易喪失信任的原則，互相猜疑呢？理由可能很多，但猜疑造成的後果，卻是再多的理由也無法彌補的。奧賽羅始終挽救不了自己心愛的妻子苔絲狄夢娜，生性多疑的林黛玉，也只能一個人悲哀哭泣，園中葬花，最後吐血而亡。人生本就苦短，猜疑只會讓苦更苦，讓痛更痛！面對短暫的人生，何不多點信任，多點美好，就像德國老婦人一樣，柔和地付出關愛，拯救的卻是人性大愛！

消除不合理的猜疑

在人際交往中，我們難免會碰到不合自己理念的人和事，難免會爭執，難免會猜忌，難免會受傷！交往中的磕磕碰碰，幾乎每個人都會碰到，都會有所體驗。畢竟人不是聖人，人都有七情六欲，都有判斷失誤的時候，都有感情衝動的時候，也有迷惑不解、胡亂猜忌的時候。在日常生活中，這是再正常不過的事情了。不同的是面對困惑、面對挫折、面對傷害，有的人放下芥蒂，從中感悟生活的真諦，而有的人卻執著於傷痛，緬懷自己的美好，不肯放手向前邁進。面對巨大的感情挫折，他們變得不再相信能夠給予他們快樂的人、給予他們幸福的事。「一朝被蛇咬，十年怕井繩」是他們受傷後採取的不合理態度。

他們把自己推進冷漠、猜忌的「陷阱」中，獨自撲騰，暗自撫慰，結果卻變得更加敏感、狹隘，更加脆弱不堪。他們懷疑他人不能夠給自己帶來幸福，他們懷疑自己再也得不到美好的情感。每個人臉上都戴著詭異多變的面具，稍不小心就會陷入他人設下的陷阱，讓自己再次傷得體無完膚。胡亂猜疑的人，習慣沈浸在自己設想的主觀思維中，不與朋友交流，不去碰觸令他們敏銳疑慮的問題，結果人際關係越來越糟，自己變得也越來越孤獨，越來越寂寞，嚴重影響到身心的健康發展。

我們每一個人，都應該擴寬我們的胸懷，增大對別人的信任，排除不合理的猜疑。盡可能敞開心扉，將我們內心最美好、最良善的東西展現給他人。遇到困惑不解的問題，將我們心靈深處的疑慮和猜測大聲說出來，增加心靈的透明度，這將有助於人與人之間的溝通和了解，增加相互間的信任，有助於隔閡的消除。對我們周圍傳播的流言蜚語，不要無端去附和，要不然無形中你也會成為長舌婦、長舌男。

無端的猜疑，本來就是自己毫無邏輯的主觀設想。胡亂猜疑他人的言行，本就沒有客觀事實的支撐，是一種形而上學的生活態度。信人者不疑人，疑人者不信人。疑心太重的人，「以小人之心，度君子之腹」，總怕別人爭奪自己的利益，終日疑神疑鬼，顧慮重重。想想看，你對別人不放心，別人能對你堅信不疑嗎？雖說防人之心不可無，但如果時時提防，處處疑人，人際關係還能和諧嗎？

信任是人際溝通的奠基石，猜疑是人際和諧交往的絆腳石。要想消除猜疑，獲取信任，首先就要排除自己主觀片面的想法，要實事求是，明辨是非。要想客觀地待人處世，就要有一個冷靜的態度，這樣才能避免讓自己陷入猜忌的情緒中而失控。

當發現自己有猜疑他人的傾向時，要敞開心扉，增加心靈的透明度。猜疑往往是心靈封閉者人為設置的心理屏障。它禁錮了人的正常思維，使人不斷地把心理困惑投向自身，隱藏於內心深處。在得不到正常合理的化解的情況下，疑惑容易轉化為憤怒、嫉妒、仇視等不良的情緒反應，害己殃人。

人只有敞開心扉，將心靈深處的猜測和疑慮公諸於眾，或者面對面地與被猜疑者推心置腹地交談，讓深藏在心底的疑慮來個「曝光」，這樣不僅能夠增加心靈的透明度，求得彼此之間的了解溝通，更重要的是能夠增加相互間的信任，消除隔閡，排釋誤會。

疑心重的人容易聽信流言蜚語。煽風點火，好事之人總是能夠讓心存疑慮的人找到驗證自己心中設想的方法與途徑，最後越加地肯定自己的猜疑是正確的，助長了其猜疑之心。流言蜚語在「長舌人」的煽動下，會使人失去理智、釀成悲劇。因此，當人們聽到「長舌人」傳播流言時，千萬要冷靜，謹防受騙上當，必要時還可以當面給予揭發。

人與人之間的相處方式、性格特徵，或者堅持理念都是千差萬別的。所以世界上不可能不存在不被誤會的人，關鍵是我們要有消除誤會的能力與辦法。如果誤會得不到盡快的解除，就會發展為猜疑。猜疑得不到及時的解除，就可能會導致不幸。

上面提供的幾種解除猜疑的方法，都是非常有效的。猜疑者生疑之後，首先要冷靜地思索，冷靜思索之後如果疑惑依然存在的話，那就應該通過適當的方式，與被疑者進行推心置腹的溝通。通過溝通，及時地了解對方的想法，有助於隔閡、矛盾的化解，這對於加強雙方的了解也是非常有好處的。

第5章 最難熬的心理——孤獨

beautiful life

孤獨，是一種相當普遍的現象。在某時某刻，我們總會與它不期而遇。孤獨無法逃避，越逃避，孤獨感越重。有句話說得好：一群人的孤獨，一個人的狂歡。事實上，人的存在就是孤獨的存在。你是否有過這樣的體驗：有人真正理解你的存在嗎？你是否真正體驗到你曾體驗過的一切？在你悲傷痛苦難耐的時候，是否有人能夠理解你的痛苦與哀傷？當你向別人談及你的感受。你的體驗時，是不是總感覺遺漏了什麼？你可能一下說不清楚，但你是否感受到你傳遞的努力的艱辛，因為傳遞出去的感受與體驗，碰到的是漠視這份訴說的人。無奈之下，你的感覺將會更加的孤獨……

我們為什麼覺得自己不被認同

《天才在左，瘋子在右》這本書中有這麼一個案例——

某天，一個朋友向作者推薦了他的一位精神病醫師朋友與作者見面。最初，作者以為是介紹病人，畢竟他所接觸的大部分精神病患者，都是通過醫師介紹而來的。於是，作者爽快應約前往。見面之後，才了解原來是這位精神病醫師有一些難解的問題，需要諮詢作者的意見。她認為她不但能深刻理解精神病患者們所說的世界觀和看法，並對此非常認同，於是她開始認為她自己具有精神病人的某種潛質。她認為精神病人，或者心理障礙者，不但聰明而且是超出常人的理解能力的那種聰明。他們之所以是患者，是因為在他們身上存在一種矛盾。她可以深刻地理解這種矛盾。

這時作者接過話題：「這種矛盾非精神病人也有，就是一種孤獨感。雖然為此痛苦不堪，但是卻又盡力維護著那種孤獨感。他們經常處在一種掙扎狀態：既希望別人來關注、關心自己，可又不知道該怎麼去接觸和回應別人，於是乾脆直接抗拒。可是骨子裡又是那麼地渴望被了解，渴望被理解，渴望被關注……」

「哪怕會後悔，也是要繼續堅持著去抗拒，而且矛盾從嘴裡說出來的和在內心裡想的完全相反。」醫師打斷作者繼續說道：「那種掙扎完全可以是不必要的，而且事後自己也會想：這不是自找的嗎？這不是無病呻吟，吃飽了撐著的嗎？自己為什麼就不能敞開心扉呢？就像你我，從事這一行都是源自一樣的動機：寂寞。有些東西埋藏在心裡，不是不說，而是不能說。我試過太多次說給別人聽，得到的評價是：你想那麼多幹嘛？你有病吧？你最近怎麼了？你老老實實掙錢，別老想些沒用的東西。你瘋了麼？你就不能幹點正經事嗎？你喝醉了？太多太多次打擊了。最後直接鎖上了心門。」醫師嘆了口氣繼續說道：「當她面對一些精神病患者的時候，她發現她面對的就正是自己。」

作者突然發現他找到了那種曾經期待過，但卻從未得到過的那種同類的感覺。

「尤其是面對一些知識淵博、邏輯完美、信念堅定的精神病患者的時候，作者經常想自己其實就是一個不具備淵博知識，不擁有完美邏輯，信念又不堅定的精神病患……」醫師的話觸及了作者的靈魂深處，或者說作者的話觸及了醫師的靈魂深處。說不清，只是他們互相凝望的眼神中折射出了，彼此靈魂的熟悉與默契。

事實上，人無完人，每個人都有自己的矛盾點，面對自己的這些矛盾與掙扎，為什麼我們會感覺如此無力與孤寂？為什麼我們會找不到被他人認同的支撐點？我們如此地渴望被關注、渴望被理解，卻又是如此無能為力，最後得到的卻是多重的打擊。如何深刻地認識到自己內心深處的矛盾掙扎，如何有效地化解內心的這種無力與孤寂感，我們首先要對認同有個清晰的了解。

認同是心理學上的一個詞彙，指的是一個人尋求親近感或歸屬感的願望和行動，典型的行為特徵是——「一個人變得像另外一個人，或另外一些人」，並具有彼此屬於同一類的心理概念。認同最早是由威廉·詹姆斯和弗洛伊德提出來的。

詹姆斯認為，一個人擁有認同感受可以在精神或道德態度上看出，當這種情形突然發生在自己身上時，他會感到自己充滿生機和活力。這一刻，有一種發自內心的聲音在說：「這才是真正的自我。」

弗洛伊德把認同看成是一種模仿，是個體向另一個人或另一個團體的價值、規範與面貌，去模仿、內化並形成自己的行為模式的過程。認同是個體與他人有情感聯繫的原初形式。這兩種涉及兩種認同：自我認同和社會認同。

自我認同，即個人認同，指自己對自我的覺知。一個人根據自己的經歷反思性地理解到的自我，包括自我的現狀、生理特徵、社會期待、工作狀態等各個層面的覺知。自我認同是能夠理智地看待，並且接受自己以及自己以外的世界，並能夠精力充沛地積極生活，有明確的奮鬥目標，並且在追求和逐漸接近目標的過程中，體驗到自我的價值，以及社會的承認與讚許，既能夠從這種認同感中鞏固自信與自尊，又有自己堅定的信念與獨立的個性，擁有積極健康和諧的人際關係。社會認同是個體認識到他是屬於特定的社會群體，而不是絕對的獨立個體。在這個群體中，他們遵循著共同的信仰、價值，以及情感。個體擁有作為一個群體成員所該有的自我觀念。

自我認同和社會認同對一個人健康的心理成長是必不可缺少的。自我認同是自信心的來源，是自尊心的體現。沒有自我認同，人會變得沒有原則，沒有自信心，這樣子也無法得到他人的認可，反而會使自己陷入孤單寂寞的情境中。同樣一個人得不到他人的認可，只懂得孤芳自賞，這樣也是得不到真正的幸福與快樂。

再回到上面的案例中來，即使是精神病醫師，她也存在矛盾的掙扎。因為她認同了她的病人的世界觀和理念，但職業的慣性卻違逆著她，她對自己的認可發生了混亂，所以她覺得自己不夠踏實，她需要他人的一份認可，來幫助她獲得繼續下去的信念。同樣，該書的作者也面臨著許多的困惑與矛盾，有周圍人的擔憂，有自己對這份職業的疑慮等，所以他也需要獲得他人的一份理解。他找尋了好久，但卻找不著。因為想要被理解的東西，往往一般是被自己深深隱藏起來的，是遙不可及的。然而，幸運的是，他碰到了，她也碰到了，所以結局是他們都獲得了心靈的踏實。

我們常常感嘆自己不被他人認可，我們得不到想要的理解，所以我們常常抱怨著自己的孤獨，好累好累……精神病醫師最後與作者說了這麼一句話，我拿來作為結尾，希望能夠引起大家的共鳴：只有當你認真地去做一件事的時候，才會發現自己的靈魂，和靈魂的深處。我想說的是，當我們認真去感受需要被感受的對方的時候，往往就能夠觸及對方的靈魂深處，讓對方體驗到一種他人的承認與讚許、容納。

是我們自私還是我們真的孤獨

有這麼一個故事：越南戰爭中，一個美國士兵打完仗後回到國內，在某家旅館裡，他輾轉反側，夜不成眠。午夜，他給家中的父母打了一個電話——「爸爸，媽媽，我要回家了。但是我要請你們幫我一個忙，我要帶一個朋友一起回來。」「當然可以。」父母爽快回答道。「我們非常歡迎他的到來。」「但是有一件事情我必須先告訴你們，他在那場戰爭中受了重傷，他失去了一條腿和一隻手。他成了殘障人士，他現在無處可去，我希望他能夠與我們住在一起。」「孩子，我們為他感到遺憾，但是我們可以幫他找另外的住處住下，可以嗎？」「不，他只能和我們住在一起。」這位年輕的士兵堅持自己的觀點。「孩子，你要知道，他這樣會給我們造成多大的拖累，我們有我們自己的生活，孩子，還是你自己一個人回來吧！他會吉人自有天相的。」

父母親的話還沒有說完，兒子那邊已經切斷了電話。

父母在家等了許多天，也沒有等到兒子回來。過了幾天，警察局那邊打來電話，他們被告知他們的兒子跳樓自殺了。悲痛欲絕的父母趕到事發地點，在賓館內，他們認出了自己的兒子，只是他們驚訝地發現，他們的兒子少了一條腿和一隻手。

這對年邁的父母苦等多年參戰的孩子，最終卻因為自己的一點私心，而使傷殘的兒子斷然了結自己的生命。他們終將要在孤獨、悔恨中走完剩下的旅程。不管這份私心是無意的還是有意的，其結局不能不說是一種遺憾或悲哀。

對一般人來講，自私似乎也是一種天性。自古以來就有——「人不為己，天誅地滅」之說法，可見這還是有一定道理的。我們平常所講的自私常常涉及的是自身的利益，是只為自己著想，而從來不考慮他人的一種生存態度。這種態度久而久之，就會使人變成心胸狹隘的人。自私狹隘催動他們走入孤獨寂寥的境況中，獨自忍受苦痛。

就像上面故事中的那對父母，為了不給自己製造麻煩，斷然拒絕了兒子傷殘朋友同住的要求，殊不知他拒絕的正是自己的兒子，最後也只能獨自品嘗自己釀造的苦果。也許我們會覺得這對父母真不走運，有這樣的想法也不為過，偏偏倒楣的事就讓他們給遇上了。有這樣想法的人很多，但細細一想，這難道不正是自私社會折射出的悲哀嗎？我們中毒太深了，把許多簡單純真的東西都忘卻了……

一個自私的人，不但在行為舉止上不被他人接納，而且也會封閉禁錮自己的心靈。他們的內心是脆弱的，思想是缺乏安全的。在這樣的精神世界裡，孤獨感漸漸地啃噬著他們尚存的意志，不健康的靈魂，他們從此脆弱不堪，痛不欲生。嚴重者，還會直接危害到周圍的人群。

有一個16歲的男孩子，用家裡的菜刀將其母親活活殺死，在母親的臉上身上總共砍了31刀。之後換了衣服，偷取了家裡的五百元錢，若無其事地與同學到附近的網咖打電玩。當警察問他為什麼要殺死自己的親生母親的時候，男孩毫無表情地說道：「因為回家之後母親不大理他，他感到很孤獨，看著母親很不順眼。」16歲的年齡正處於花季，男孩卻因為自己的一己之私，而殘忍地殺害了自己的母親，自私帶來的孤獨，孤獨帶來的危害，這是何等的淒涼？

然而，也不能把自私與孤獨混為一談。從本質上來講，這是兩種不同特徵的狀態。自私的人習慣放大自己的利益，總是站在自己的角度衡量一切，很少或從不考慮他人的感受。自私的人往往不容易被他人、被社會接納，並且容易導致一種孤獨的生活境況。

事實上，孤獨並不是都源自於自私。還有一種孤獨是屬於心靈上的孤獨，是心靈的空虛、迷茫，與利益無關，與自私無關，也不牽扯到別人，這種孤獨往往有一種失去自我的悲涼感。擁有這種孤獨感的人們寧願保存、維護這種淒涼空虛的感覺，在孤獨的境界中享受著自我，在孤獨的狀態中自我「精彩」綻放。然而，這一切絕對不是一種美好的面貌，也許表面上看是精彩，是享受，但從靈魂深處來講，他們體驗更多的是一種無助感。靈魂深處的孤獨在很大程度上，與一個人的性格有關。

《紅樓夢》中的林黛玉，就是典型的性格孤僻、內向、自怨自艾之人。生活中不乏這樣的人，他們不與周圍的人分享快樂或憂傷，他們很少或從不與人互訴衷腸，他們體驗不到酣暢淋漓的痛快。無助地躲在角落中「拈花微笑」是他們典型的寫照。他們會因為別人的快樂而自卑，會因為別人的痛苦而自憐，他們寧願獨處，也討厭人際交往。所謂「觀花落淚，看月傷心」如是說。更多時候，他們覺得自己無依無靠，淒淒涼涼，找不到人來疼，也找不到人來愛，他們甚至都不清楚自己為什麼會這麼孤獨，為什麼會這樣淒慘，卻又十分明白自己無力改變現實。就這樣在矛盾中，不斷地掙扎……

什麼才是真正的孤獨

靈魂上的孤獨才是一個人真正的孤獨，這種孤獨不會給別人帶來煩惱與痛苦，只是自己默默地承受著生命的負債。真正孤獨的人沒有辦法體會到生命內涵的燦爛明媚，無法體會生命本身的豐富多彩。他們關注更多的是生命本身的無意義。禁錮許久的心靈世界，是一潭枯寂毫無生機的死水，生與死在他們看來就如一縷青煙，不知道從何而來，也不知道往何處去，承載著它們的人只能沈重呼吸，消逝於寂寥的夜色之中。

「這是一個很美的地方，卻只有他自己的存在，他承受著全部的寂寞等待著，他是一個孤獨的守望者。」這是《天才在左，瘋子在右》書中所記錄的一個真實案例，患者的孤獨感全部來自夢裡。現實與夢境只是一線之隔，通過他的夢境，可以真切感受真正孤獨者的孤獨感受。長久以來，患者重複做著同樣的夢。在夢裡，他艱難地從蛋殼中爬出來，卻發現在眾多的房間中只有他一個人活下來，其他的蛋殼都是乾癟無色澤，裡面均包裹著乾枯蜷縮的屍體。他害怕的不是那些乾枯的屍體，而是無法接受只有他一個人活下來的事實。看到這一切，他無法抑制悲傷，無法抑制哭泣。蹣跚走到外面，是一片藍色的海洋，上面漂浮著大大小小的冰塊。天空很藍，清新的氣息拂過面頰，卻是冰冷的味道。從上往下看，有不少坍塌的金字塔，有生命的卻只有他一個。看著這一切，眼淚總是止不住，拼命擦，淚水卻總是模糊視線。

他不願意去嘗試任何事情。周圍偶爾有輕微的水聲，也只是漂浮的冰塊無力地破碎。整個世界，看不見出口，也看不見希望。他覺得他好孤獨。他知道他在等待什麼，但等待的希望又是如此無力。他希望有人活著，像他尋找他們一樣地尋找著他。等待的孤獨緊緊地包圍著他，他好想就此了結自己的生命，但又是如此不甘心……夢中絕望的孤獨感，並不會隨著夢醒而清醒，它還延續到患者的現實生活中，長久地不消退……

你能想像到整個星球上就只有自己一個人的感受嗎？想像到那種想要大聲哭泣，卻又喪失勇氣的孤獨脆弱感受嗎？為了消除夢中的孤獨，他加倍地付出自己，為家人，為朋友，然而孤獨始終緊抓著他不放手。「我寧願自己是那些乾枯的屍體，我寧願在災難中死去，我不要那麼孤獨地等著……找著……我不要看到除了冰山就是海水……我寧願做恐怖的夢，也不要這麼孤獨地夢著……」

他在醫生的建議下去做了催眠，結果催眠的醫師眼眶紅了，「我幫不了他，他的孤獨感就是來自夢裡的。」

生活中有很多人總是時時刻刻感受著孤獨，想要掙脫卻越掙越扎，說不清為什麼，但感受又是真實地存在。上文中我們提到過《紅樓夢》中的林黛玉，她就是一個非常典型的真正的孤獨者。「那一日正當三月中旬，黛玉猛想到昨夜春雨，必將那盛開的桃花打落在地，若被人踐踏了，豈不可惜！便擔了花鋤，向沁芳閘桃林走去……寶玉正在山坡上看書，見了她忙說：你來得正好，快把這些花瓣掃起撂在水裡吧！黛玉說：不好，流出去反而糟蹋了。那牆角上我有個花冢，隨土化了豈不乾淨！寶玉大喜，把手中的書一藏，來收拾落花……」黛玉是孤獨的，這源自於她內向的性格，她在這個氣派的大家族中找不到自我，唯唯諾諾，總怕遭人恥笑，於是無人處常常迎風落淚，對月長嘆，身體越發虛弱！黛玉葬花成了經典中的經典，因為黛玉葬的不是桃花，而是她的夢，她的渴望，她葬的是一種孤獨的情懷！

我們有時候會想，住在這麼氣派豪華的賈府，過著錦衣玉食般的公主生活，有那麼多的人圍繞著，關切著她，她還自怨自憐，孤獨葬花，這不是自尋煩惱嗎？殊不知，正是有我們這樣的想法，以及「何必多此一舉」的態度，注定了林黛玉的孤獨悲哀。我們無法真正理解她的脆弱，她的擔憂，還總是以我們自身的角度來衡量她的一切，她才會與我們越走越遠。寶玉如此地愛憐她，從某種程度上來講，也是源自於他們擁有只有他們自己能夠理解的孤獨感受，因此才會如此地珍惜。錯只錯在他們在一個不懂做夢的年代，做了一個無比華麗的美夢，夢醒了，夢就會破碎……

細細觀察身邊，你會發現一些十分孤僻的人，他們的靈魂十分孤獨。他們缺乏安全感，敏感，很難建立穩定的信任關係，卻又想得到周圍人的尊重與認同，這種矛盾讓他們產生迴避，退讓，不自覺地縮回到自己的世界，越走越遠。

理查德．耶茨在短篇小說集《十一種孤獨》中，描寫過這麼一個故事《南瓜燈博士》。故事的主人公就是一個孤獨的小男孩薩貝拉，他敏感，沒有安全感，他不相信任何人。他的孤僻就像一個厚重的殼，面對不安全的事件他總是下意識地退卻和自我保護。他既想要老師的特殊關注，但又感覺不到心靈上的觸及，所以他總是以怨報德。薩貝拉的老師對他的關心也是希望他能融入班集體。他的老師並沒有真切地去感受薩貝拉的那種孤獨無助，她的姿態太高，薩貝拉接觸不到，所以他選擇用自己的方式闡述自己的無奈。這樣的故事聽起來是不是很熟悉呢？

也許，讓這些真正的孤獨者，走出自我狹小的世界最有效的方法，就是尋找擁有孤獨感受的同類。感覺有點繞，但卻是靈魂的觸及。有時候我們的關心對孤獨的人來說是一種看不見的傷害，是推動他們越加孤獨的力量。因為我們總想著讓他們走進我們不孤獨的世界，卻忘了我們的不孤獨，也只是短暫的存在。

完美主義者的孤獨感

完美主義者最大的優點是追求完美，同樣追求完美也是完美主義者最大的缺點。最大的優點和最大的缺點，同時集中於一個人身上，必然會產生極大的矛盾衝擊。這種巨大的矛盾衝擊，必然導致他們孤獨焦慮的處世態度。一方面，完美主義者擁有「事事都不盡如人意，事事都不完美」的觀念，這種觀念讓他們產生一種強烈的欲望，即總是想要把不完美的事情，變成完美的結局。

世界上本來就沒有十全十美的事情，但完美主義者憑著一股與生俱來的衝動，全力改造著這些滿是瑕疵的事情，儘量使其完美，並且樂此不疲。他們注重細枝末節，注重旁人常忽略的地方，所以他們總是能夠出色地完成自己負責的事情，內心自是非常的驕傲與自豪。另一方面，完美主義者並不滿足眼前取得的成果，他們習慣認為完成的事情只不過是該完成事情的冰山一角，沒什麼值得歡慶。既想得到他人的稱讚，又覺得自己做得不夠，不足以得到他人的讚美，這種矛盾的心態，讓他們產生一種不被理解的孤獨與無助。這種孤獨的感覺，有時候非常強烈。被眾人包圍於掌中，卻得不到該有的喜悅與興奮，這是何等的悲哀啊！

完美主義者的孤獨感，體現最為深刻的是追求完美愛情的人。追求完美愛情的人，總是沈浸在童話的記憶中，渴望著王子與公主的愛情故事。殊不知，童話畢竟不是現實。所以，在現實的處境中，找尋著不現實的夢境，收穫的也就只有孤獨與寂寥了。

美麗純真的愛戀是一種難得的遇見。每個人對此，心中總是充滿了嚮往與憧憬。

有這樣一個故事：女人們可以在一家專營女性婚姻服務的店挑選心儀的配偶，店內一共設有六層，隨著樓層的增高，男人的質量也就越高。但每個顧客只能進去一次，且只能往上走，而不能退回到之前走過的樓層。一個女人來這家店尋找鍾愛的男人。在一樓有個告示牌，上面寫有：這裡的男人有工作。女人看也不看直接就上了二樓，二樓同樣有告示牌：這裡的男人有工作且熱愛小孩。女人沒有就此停下腳步，上來三樓：這裡的男人有工作且熱愛小孩，還很帥。哇！不錯哦！但女人還是強迫自己繼續往上爬，四樓：這裡的男人有工作而且熱愛小孩，令人窒息的帥，還會幫忙做家務。「饒了我吧！我快站不住腳了！」但女人轉而一想，說不定後面還有更好的呢！女人爬上了五樓：這裡的男人有工作而且熱愛小孩，令人窒息的帥，還會幫忙做家務，更有著強烈的浪漫情懷。女人簡直想留在這一層樓，但她仍抱著滿腹期待走上了最後一層。第六樓出現了一面巨大的公告板，上面寫道：你是這層樓的123,456,789位訪客，這裡不存在任何男人，這層樓的存在只是為了證明女人有多麼不可取悅。謝謝光臨！

不是所有的女人都會做同樣的選擇，因為不是每個女人都是不可取悅的完美主義者。追求完美男人的女人，或者追求完美女人的男人其結局是遺憾的，更是寂寞的。他們孤獨地回想著曾經錯過的種種，孤獨地堅守著完美的愛人，靈魂的伴侶一定會出現的那份美好。過高的要求注定他們不會活得輕鬆，快樂。這也是現實生活中為什麼會出現如此多剩男剩女的原因之一吧！他們無法容忍有瑕疵的愛情，或者應該這樣講，他們無法忍受有瑕疵的另一半。然而，人無完人，這個世界原本就不是十全十美。不完美的自己，怎能要求他人的無瑕透亮呢？生活中，幸福的戀人或者夫妻，他們的愛情是包容的愛情，在享受雙方給予的甜蜜時，同樣也會包容雙方各有的缺點。從這個角度來講，包容才是愛情完美的本質體現。

除了追求超現實的東西之外，完美主義者的孤獨感，還來自於渴求他人帶來的不認同感。追求完美的人對他人要求太高，苛求太多，無形之中容易造成緊張的氣氛，影響自己，也傷害他人。

有這樣一個人，她的觀點是：世界上的一切都是清楚明白的；人人都應該尋求正確的價值觀；每個人都應該走正確的道路，而錯誤的事情，都應該反思改進……有沒有感覺到，追求完美的人總喜歡採用一個詞，那就是「必須」。為了達到心中的準則，她每天必須早上6點起床，晚上10點睡覺，假期也要遵循早睡早起的規律生活；每日要步行30分鐘鍛鍊身體；她不准自己懶散，因為懶散是人類最大的敵人，不僅會摧毀身體的健康，亦會使心智墮落；在工作中，她不允許自己讀錯一個字，也無法容忍別人寫錯字；時刻警惕自己要謹言慎行；要不斷地自我充實，就要博覽文學名著，多聽古典音樂，做瑜伽、跳芭蕾……她用這樣的標準要求著自己也要求著別人。

這是一個典型的完美主義者，與這樣的人相處，你會有怎樣的感受？她的上司是這樣評價她的：她是一個認真、盡職，令人信賴的助手，她嚴以律己，要求盡善盡美。但更多的朋友卻認為她的要求太高，她活得太累，與她相處，人會感覺非常累，大多時候總是要順著她的意，氣氛才不會被弄僵……她的朋友很少，因為她對他人要求太多……

所以，她是孤獨的。在她內心深處，她極度渴望別人的理解，渴望朋友的關懷，渴望有人認同她的原則，渴望有人觸及她的心房，然而，一切又是如此的詭異，她失去了她渴望的一切。她孤獨地行走在她自己規劃的旅程中，堅強地鼓勵著自己，卻又默默地哭泣……

想想自己是怎麼對待別人的

心理諮詢中有這麼一個案例：來訪者是某大學的一個男同學。前段時間因為與女朋友分手而心情無法平復，脾氣變得十分暴躁，常常與周圍的同學發生摩擦。有時候明知道是自己的錯，可就是無法控制自己的情緒。為此感到非常苦惱，特來求助。

該求助者陳述道：那天像平常一樣，他們吃完飯就到湖邊散步，走著走著，女朋友突然提出分手，說兩個人合不來，不能勉強繼續下去了。男孩子認為，對方完全是在找藉口。他認為他在各方面都是非常優秀的，每年都可以拿獎學金，社團活動也很活躍，而且對她非常專一，對她的照顧也十分周到。她肯定是喜歡上別人了，才拿這個作為藉口，她根本就是水性楊花。諮詢師通過採用角色扮演的手段，重演了當時湖邊發生的一切。要求該求助者同時扮演兩個角色，儘量模仿對方或者自己當時的言行動作，並全心投入到角色中去感受。

男孩子站到女朋友的位置，停下來，深吸一口氣。女：「你有沒有發現，我們一點共同點都沒有。」男：「怎麼會呢？你怎麼突然之間這樣說話？」女：「我喜歡文學，但你說這是別人悶慌了憋出來的東西；我收藏漫畫，你認為這很幼稚。每次約會你都離不開時事，可是我對這根本不感興趣，為了能跟你有話可聊，我已經逼著自己去關注這方面的新聞了，這樣做真的很辛苦……不過這也算了，最讓我受不了的是你的大男人主義，什麼都是你安排好的，我根本就不能有自己的主意！與你在一起我真的很難受，我們根本沒辦法溝通……分手吧，好不好？我們不要再勉強下去了。」

這時，諮詢師打斷了男孩的陳述，要求他將對方內在的感覺表達出來。男孩按諮詢師的要求重新做了一遍。男孩接著說道：「我似乎覺得她很傷心，也很無奈。其實她一直以來都是順著我的，有時候我也知道這樣不好，可是我卻沒放在心上。我以為她已經習慣將就了，原來並不是這樣的……」諮詢師問：「現在回到你自己的位置，扮演自己，聽到女朋友這話你有什麼感覺？」男孩呆住了，老半天都沒有反應。

男孩困惑地回答：「為什麼會這樣？我對她還不夠好嗎？為了成為她優秀的男朋友，我一直在努力啊！各方面我都儘量做得很完美，將來也一定是一個好丈夫，為什麼她還不滿足呢？為什麼她還要提出分手呢？她怎麼可以先提出分手！我可是個男人，應該一切都是我說了算，我不能這麼沒用讓女人先拋棄的！」

諮詢師接著問：「為什麼是男人就應該一切由你說了算？」

「因為男人本來就比女人強，無論是身體還是頭腦都優越於女人，所以事情都應該讓男人主宰，像我這樣被女人拋棄真的很丟臉！是男人就應該成為強者。」

當諮詢師要求男孩不斷大聲重複說道：「是男人就應該成為強者」這句話的時候，男孩哭了，「為什麼我一定要成為強者？為什麼我就不能比別人弱？我過得好累……」

諮詢師開導性地問道：「是誰讓你一定要成為強者的？」

「是媽媽。從小媽媽就對我非常嚴格，她要求我必須樣樣都要優秀，要比別人強。她說我是家裡唯一的男孩子，將來要承擔起整個家的責任，所以我一定要變強，我要成為一個強者。」

心理學中有個「黃金法則」，是美國著名的心理學家埃利斯提出的，要「像你希望別人如何對待你那樣，去對待別人」，也就是說你希望別人如何對待你，你就應該如何對待別人。然而，大多數時候，我們採用的卻是「反黃金法則」，也就是「我對別人怎樣，別人就必須對我怎樣」。就像上面案例中的男孩一樣，「我對她那麼好，她卻提出與我分手，這怎麼可以？要提也是我先提……」結果自然不好。

心理學家阿龍森和林德曾做過一個有名的實驗，他們安排一些互不相識的被試者參加一系列的交往實驗。每次交往後，安排一名被試者向他們評價另一名被試者，並故意安排被評價者碰巧聽到對自己的評價。評價有誇讚，也有抱怨。結果是，當實驗者要被評價者選擇下一階段實驗的合作者時，受到讚許和喜歡的被試者們，都傾向於選擇原來的夥伴，而受到抱怨和拒絕的被試者，則傾向於更換原來的合作者。這個實驗表明，喜歡我們的人，我們才會喜歡他們，而厭惡我們的人，我們也會排斥他們。所以要想讓他人接納我們，我們首先要主動地接納、喜歡對方，而不是被動地等待自己被接納、被喜

各樣的鞋子，似乎也在無聲地抵抗籠罩小易的這份孤獨。無數次鼓足勇氣，她準備大聲吆喝，可是喉嚨就像被封住一樣，連呼吸都在顫抖。孤獨困窘奪走了她好不容易積蓄起的力量，無奈的她除了暗自嘆息還是暗自嘆息……

窘迫的生活在母親生病之後變得越發艱難。從小她與擺地攤的母親相依為命，如今生病的母親，無力繼續維持她們本就艱難的生活。但是堅強的她選擇承擔一切。她開始利用學業的閒暇時間，在校門口擺攤。雖然第一次擺攤狼狽不堪，但最終，她還是選擇了堅持。因為擔心母親的病情，所以她並沒有把擺攤的事情告知母親，她獨自堅守著這份孤獨，默默地適應著這一切，感受著這一切。可生性害羞的她，到現在還是沒有足夠的勇氣，像身邊的小販那樣大聲吆喝，叫賣地攤上的物品。站在吵吵嚷嚷的人群中，孤寂的影子拉了好長好長，她就像墮入凡間的天使，無奈地應對著她現在的生活。

她的局促不安被閒逛的他發現。他是這個學校大四的學生，只比小易高一屆。他不用擔心生活，也不用擔心工作，因為一切都有父母在為他鋪路。可以說，他是從小含著金湯匙成長的。他身邊的漂亮女孩換了一個又一個，他盡情地帶著她們唱歌、跳舞。對於地攤貨，他從來不會光顧。他來這邊，只是覺得好玩。有時候，甚至惡作劇般地玩「狼來了」的遊戲，大叫一聲「警察來了」，然後看著這些攤販抱頭鼠竄，他不亦樂乎。但表面上的放蕩不羈卻絲毫掩飾不了他內心空虛的寂寞。

這天，他還是一如往常，帶著漂亮的女朋友在這邊閒逛，突然間他看到了她孤獨的身影，那份寂寥撥動了他的某根心弦，觸及了他靈魂深處，他感覺如此的熟悉。他站在那裡，紋絲不動。連女朋友生氣地拂袖離去都沒有注意到，他只是呆呆地站在那裡，感受著她的孤寂。

警察來了，大家亂成一團，拎著自己的東西大步往前跑。他跟著她亦大踏步地往前跑。一直到學校門口，她才停下來。身後的他將她路上丟掉的物品歸還於她，面對她，他有了心痛的感覺。此後，只要她出現在地攤上，他必定會出現。他總是羞澀、遮掩地告訴她，「只是路過……」她從不揭穿他。他守著她，護著她，如此地細緻入微。她知道他是富家公子哥兒，他身邊的女朋友多得就像超市裡的各種飲料，一打一打地擺著。她又怎能配得上他？後來，他開始買她的鞋子，好多，各種款式，她問他：「是買給女朋友的嗎？」他無言以對，總不能告訴她是放在床底下的吧，於是，他羞澀地點了點頭。她的心好痛，那份孤獨的心動最終還是被她扼殺在萌芽中。

就這樣，他要畢業了。他決定向她告白，他怕他錯過，他怕他離開之後就沒有了表白的機會。於是，畢業的那天晚上他去找她。可是，在校園較為隱祕的拐角處，他看到了她和另外一個男生在一起，很親密，她靠著那個男孩的肩膀，原來她已經心有所屬。墮入凡間的天使終究不屬於自己，寂寥的魂魄無處可皈依。

那晚，他去了海邊，從此再也沒有回來……他不知道的是，那個男孩是來告知她，她母親病重。他的遺物中有留給她的一個筆記本。悲傷之餘，她也期待著裡面寫些什麼……然而，沒有隻字片語，只有五百塊錢……原來他對她的好，只是出於憐憫。之後，母親病重住院，因為要給母親買藥，她臨時需要錢，就用掉了其中的一張，而剩下的四張一直安靜地夾在筆記本中沈睡……

多年後，她一直無法釋懷。但她依舊選擇孤獨地等待，等待她終將無法得到的答案。某天，她清理房間時，翻出了這個筆記本，她抖落了灰塵，裡面的錢，輕輕地飄落了下來，她撿起來，忽然發現，在每張錢的一角都寫有一個小字：小、易、我、你。

小易是她的名字，「我」和「你」之間好像還缺一個字。那個字肯定是在那張被她花掉的錢上。記憶漸漸清晰：那時，給母親買藥時，藥房的護士拿著那張一百塊高高舉起，「愛」，但當時心急的她以為護士在說「哎」，原來……他是愛她的！

原來當初她得到了他的愛，只是心中那份孤獨的情懷封鎖了她走向他的腳步，從此也封鎖了他們曾經擁有的幸福。忽然之間，一切都豁然開朗起來了。孤獨困惑了多年，原來一直尋找的是，被自己刻意掩埋的那份真情，對他，也是對她。

這個故事是我曾經無意之中看到的，我憑著印象把它重複敘述出來。因為我記得我看過之後，我哭了，為小易那份化解不開的心結，也為小易那份牽掛的愛戀，更為小易那份孤獨被動的等待。他的離去成為了她等待的理由，種種的疑惑與誤解，再也沒有機會得到化解。如果不是四張錢的陡然飄落，小易將會選擇孤獨終生。錯過不代表不愛，正是因為愛得太深，才導致了結局的悲哀。明白了愛，也就明白了讓對方安心的方法就是要放開孤獨，重新開始。

孤獨是探索極致的寂寞

世界本身最為精彩，因為世界是有著無數面的不規則體。如果去問身邊的人「世界到底是怎樣的呢？」恐怕能回答這個問題的人不多，會回答的就更少了。因為大家都在忙著，忙工作，忙事業，忙家庭，忙應酬，忙該忙的，也忙不該忙的。很少有人在乎這個世界到底是怎樣的，甚至被問的人會質疑提出問題的人：「你無所事事嗎？你瘋了嗎？」這個世界就是這樣，你探尋的越多，你就會越覺得孤單……

《天才在左，瘋子在右》這本書中記錄過這麼一個案例，講的是一位被精神病醫生認為思想上極度危險的「患者」思索世界的寂寞。之所以對「患者」兩字加上引號，是因為我覺得仁者見仁，智者見智，他未必就真的是精神病患。

他認為這個世界中的很多事情好像都有問題，但卻又說不清到底什麼地方不對勁。當這些不對勁的地方隱約浮現出來的時候，你想去抓卻發現什麼都沒抓住，就像海市蜃樓。有時候你會感覺到問題不簡單，很多事情都是相通的，在它們背後總有些什麼東西存在，但細想的話卻又都亂了。這個世界上有太多你不了解的東西，就像隔著朦朧的玻璃看不清楚一樣。最後，你會困惑到崩潰，最後不得不用哲學來解釋這一切，但你知道那些解釋似是而非，不夠明朗。就像宗教裡面那些神鬼的產生，哲學上各種解釋的產生都是為了尋找更多的答案。其實，哲學不是根本，只是一種途徑罷了！

世界如此之大，而人們看到的卻只是一小部分。什麼時間、空間等都是微不足道的一部分，差得太遠。就好比一隻樹上的小蟲子，無法理解大海是怎麼樣的，沙漠是怎麼樣的一樣。把這隻蟲子放到另一棵樹上，牠照吃不誤，牠不會認識到周圍已經不同了，牠也不會在乎是不是不一樣，只要有得吃就好了。我們不能要求蟲子那麼多，同樣我們也不能認為蟲子有病。所以人們應該允許不同於自己事物的存在。

繼續他的見解。他的思維轉得太快，話題跳得也快。不過他後來玩的一個角度遊戲卻是非常有意思。「在衣服隨便哪個位置裝一個小的針孔攝影機，固定好，從你早上出門拍，拍你的一天，等休息的時候，你就播放看看，你會發現，這個世界既熟悉又陌生，一切充滿了新奇感。過幾天，你再換個角度安裝針孔攝影機，再繼續拍，你會發現原來你不認識這個世界。這個世界大到超出你的想像。也許你會認為你一定會看完這個世界所有的角度，但你看完的也僅僅是你認知的那個部分。所以說你的思維是有限的，思維乃是限制你的一道牆。」

不知道你在看完他論點的時候，會做何感想，思維真的是限制我們的一道牆嗎？在牆的另一邊，世界是怎麼樣的？然而，對精神病醫生或者是大部分正常人來說，他只是一個精神病患而已。他無法被眾人所理解，無法獲得親朋好友的認可與支持，他被送到了精神病院。他在孤獨寂寞中繼續行進著，用另一種方式，不受常人打擾的方式……

探索世界是孤單的旅程，尤其是走到一個旁人所無法理解的境界時，那種寂寞更是深深折磨著探尋者。所謂自古聖賢皆寂寞。寂寞者，孤寂落寞也。因為他們思考得很多，他們總是能夠走在大多數人的前列，但獨樹一幟的觀念總是無法被眾人所理解與接受，所以他們的內心並不會因此而快樂。

探尋者的寂寞是一個無解的問題。因為他們需要的不是一兩個人的理解與支持，而是生活在同一個時代的群體的接納。大多數時候，要顛覆大眾慣有的思維習慣，說服他們接受一種全新的行為理念，一個人的力量太小，被淹沒的機會好像更大。所以我說無解。不過，前面也提過，真正的孤獨者如果能夠得到有類似孤獨感的同類的支持的話，也許在心靈上是一種異常珍貴的慰藉。不過還是那句話——「很難！」想要找到觸及靈魂的同類，更多的是一份運氣。

愛可以撫慰孤獨

有人說，孤獨源於愛，無愛的人不會孤獨。

這句話有一定的道理。有時候，我會有這樣的一種感覺，愛與孤獨同在，它們如影隨形，不可分離。我們愈是感覺孤獨，愛的渴望愈加濃烈。有人說，一個人對孤獨的體驗，與他對愛的體驗是成正比的，他的孤獨的深度決定了他愛的容量。孤獨促進了愛的找尋，愛發現和撫慰了他人的孤獨。

《對不起，我愛你（PS. I LOVE YOU）》這部電影描述的正是這樣的一個故事。霍莉與蓋里是一對深愛彼此的夫妻，雖然有時候他們也會因為生活中的一些小事而大吵大鬧，但懂得珍惜的他們，總是能夠雨過天晴，收穫幸福。霍莉與蓋里都感覺自己已經找到了一生的最愛，然而，蓋里不幸罹患腦癌去世了，自此，霍莉便生活在失去摯愛的痛苦中。尤其是在獨處的時候，霍莉常常被那種撕心裂肺的孤獨感所啃噬，她總是沈浸在對丈夫的思念與回憶中，而不能自拔。

霍莉除了工作之外，整天待在家裡。她深深地感覺到蓋里並沒有就此離開，她還能在家中感受到他的氣息。她的兩位好友以及母親，母親酒吧的酒保丹尼爾都十分擔心她，一直在想辦法讓霍莉走出蓋里去世的陰影。就在她30歲生日的那天開始，霍莉開始不斷收到由蓋里給她寄來的信，每封信的最後都加上一句「我愛你」的附註。蓋里的信讓霍莉看到了新的希望，她開始一步一步地邁向前。蓋里的信讓霍莉鼓足勇氣重新走進朋友群中，感受他們的快樂。然而蓋里確實已經離去了，她終究是要獨自生活的。

霍莉的好友相繼得到了幸福，一個要結婚了，一個懷孕了，霍莉孤獨無望地感覺越發嚴重，她又開始躲避眾人，沈湎過去。母親酒吧的酒保丹尼爾自認識霍莉後，就一直默默地陪伴著孤獨的霍莉，在蓋里去世後，丹尼爾陪著她走過最為痛苦的時日，並鼓足勇氣向霍莉表達了自己的愛意。霍莉知道了蓋里的信原來一直由母親寄來的，她抑制不住地抱著母親痛哭，她知道是自己該放下的時候了……

霍莉的孤獨源自於她對蓋里的愛，這是同一種情感。在愛和孤獨之間並不存在此長彼消的關係，朋友的愛、家人的愛，並沒有消除霍莉心靈上的孤獨體驗。正因為愛得深，失去的痛苦才會如此的深，孤獨才會這麼的濃。丹尼爾對霍莉的愛撫慰了她的孤獨，使得她擁有了繼續走下去的力量。

在某種程度上，我認為愛可以撫慰孤獨，卻不能消除孤獨。周國平在《靈魂只能獨行》這本書中提到過——「即使兩個人相愛，他們的靈魂也無法同行。世間最動人的愛僅是一個獨行的靈魂，與另一個獨行的靈魂之間的最深切的呼喚和應答。」

可見，就算愛得再深，孤獨感還是存在。因為孤獨乃是促進愛繼續、讓愛升溫的最大動力。沒有對孤獨的深刻體驗，愛必流於瑣碎和貧乏。

正因為孤獨不可消除，人們才會追求永無止境的愛。

「不想再孤單，不想再獨自一個人，不想在別人快樂的時候，自己悶在家裡看電視……然而，愛情又是如此的不可信……」即使是在一起的兩個人，沒有最起碼的默契，沒有心靈相惜的碰觸，孤單還是會存在。於是，我們渴望尋找能夠讓自己不再孤單的真命天子或真命天女。我們無法容忍有瑕疵的朋友，我們亦無法容忍做錯事的後果，因為我們要展現自己最好的那一面給別人看，給自己看，結果是我們自己越加孤寂。是我們對愛的完美定義把我們推向了寂寞的牆角，忍受感情的冷落。我們越孤獨，對愛的渴望越濃厚。想要得到別人垂青的希望也越強烈。

我們一旦找到了令自己快樂的源泉，通常會倍感珍惜。因為我們害怕再次品嘗孤獨的滋味，所以我們總是想盡一切辦法讓對方快樂，讓自己快樂，讓快樂消除曾經的孤單寂寞。可是，我們要知道，這樣並不能給我們帶來完美歡喜的結果。這樣的愛太過壓抑，太過窒息。孤獨是對方滯留給自己獨處的一片空間，即使是最親密的人也不能霸佔。有了孤獨的體驗，愛才有動力。如果以愛的名義，硬生生地佔據了對方這片單純聖潔的領域，那麼愛就喪失了該有的活力。從這個角度上來說，愛可以撫慰孤獨，卻不能消除孤獨。或者也可以這樣說，愛給了對方一種獨特的孤獨感受機會，這個機會加深了彼此的信任，也昇華了彼此的愛戀，這是值得珍惜的！

第6章 最易忽略的心理——偏見

《中國大百科全書》對偏見的定義是：偏見是指根據一定表象或虛假的信息相互做出判斷，從而出現判斷失誤，或判斷本身與判斷對象的真實情況不相符合的現象。虛假的信息來自很多方面，如片面看問題，盲人摸象；如思維定勢，固執己見地待人看事，如所處環境的立場限制；等等。這些都會造成人們的偏見之念。不管信息是來自哪裡，虛假的信息容易形成的錯誤認知，最終導致爭執或衝突。我們處在不完美的環境中，想要避免偏見，尋求快樂的人生，首先就要有——「人生原本不完美」的處世態度。

先入為主易產生偏見

《三國演義》素有奇才、狂才、諍臣之稱的大才子龐統，為劉備贏得半壁江山樹立了不朽的功勳。但龐統在投靠劉備之前，一度準備效力東吳的龐統在面見孫權的時候，卻因為自己相貌醜陋以及目中無人而被孫權拒於門外。事實上，不僅是孫權，劉備在初次面見龐統之時，也曾因龐統的相貌醜陋而心存不快，再加上龐統始終抱著憑藉真實才學的應聘思想，所到之處，從不卑躬屈膝、仰人鼻息，所以目中無人的態度，更是讓劉備不得不犯「人不可貌相」的識才大忌。劉備有了貌醜性狂的先入之見，只得把龐統派往一偏遠小縣任職縣令。

先入為主的印象，有些類似心理學中的第一印象，即指在短時間內以片面的資料為依據而形成的印象。心理學研究發現，與一個人初次會面，45秒鐘內就能產生第一印象，這一先入為主的印象對他人的社會知覺會產生較強的影響，有時甚至是決定性的，它在對方的頭腦中形成並佔據主導地位。所以說，第一印象很容易使人產生誤解、偏差、偏見。

相貌醜陋的龐統，在初次會見孫權、劉備時，他的容貌讓兩方領域的霸主，產生不愉悅的偏見之心，也是人之常情，畢竟愛美之心人皆有之嘛！不過，我認為醜陋只是龐統被拒絕的原因之一，孫權絕不是泛泛之輩，否則也不會成為鼎足一方的領主了。龐統真正被孫權拒絕的原因，恐怕在於龐統先生的目中無人吧！在面對他即將輔佐的君王之時，他毫無恭維、謙卑之辭，此為君臣之道最為大忌。試想：有哪位君王能夠忍受如此貌醜之人還如此猖狂呢？所以他被拒絕、被流貶一點也不奇怪。

龐統，字士元，荊州襄陽（今湖北襄樊）人。東漢末年劉備帳下謀士，官拜軍師中郎將，才智與諸葛亮齊名，道號「鳳雛」。被流貶的龐統後來被諸葛亮極力推薦，劉備才再度召見龐統，與之商討國家大事，並重用。諸葛亮舉薦的寬大胸懷固然令人敬佩，但如果不是龐統本身就具有非凡才華，劉備未必就會接納之。

龐統確實是一個恃才傲物的有識之士，他不但學識淵博，善於鑒定人物，而且有「論帝王之祕策，攬倚伏之要最」的本事，再加上他剛正狂放、坦誠豁達的性格，這些品質後來均得到了劉備的賞識，為他創造了輝煌的人生。如果劉備一直被龐統先入為主的印象所左右，也就不會有後來龐統超凡謀略的運籌帷幄，劉備也就不會那麼成功地開關西川基業。雖然龐統在取川成功在望之際，壯志未酬身先死，但在如此短暫的時間內，在劉備處於弱勢局面，不足以與魏吳鼎足抗衡之際，劉備能順利建立西川基業，我們絕對不能否認龐統戰略性的理論指導，為其打下的深厚基石。

先入為主的印象，是指最先接受的信息所形成的最初印象，構成腦中的核心知識或記憶圖式。後來進入大腦的其他信息只是被整合到這個記憶圖式中去，也就是說這是一種同化模式，後進的信息被同化進了由最先輸入的信息所形成的記憶結構中，因此，後來的信息也就具有了先前信息的屬性痕跡。先入為主的觀念主要取決於對方是否留下了好的印象。有時候，最先的好印象不見得就是這個人真實的自我展現，相反，不好的印象也未必就能說明這個人人性不好。「路遙知馬力，日久見人心」，可見先入為主的印象並不總是正確的。僅憑這個印象就妄加判斷，以貌取人，有時候也會帶來不可彌補的錯誤。讓我們看看我們生活周圍的真實案例。

在我們周圍，因先入為主的印象而獲得工作、友誼，甚至愛情的不計其數。這也是為什麼人們在第一次見面時，總要費盡各種心思把自己裝扮得美美的，誰不希望能有個好的開始呢！不妨想想，同樣兩個大學生，畢業後求職，同時應聘到同一家企業。在約好面試時間後，A同學不惜花一個月的生活費買一套體面的套裝，並且從頭到腳都要搭配適當，最後，在出門時也不忘對著鏡子做最後的修飾；而B同學卻穿著可愛學生服，佩帶流行的裝飾品，盡顯張揚與個性。在面見老總時，毫無疑問，A同學的第一印象肯定會先入為主地進入老總的心裡，即使在專業知識方面稍弱於B同學，最後錄取的未必是B。畢竟，在這麼關鍵的時刻，對著裝的刻意修飾，完全可以體現出一個人是否認真對待了這份工作。

A同學因良好的第一印象被企業優先錄取，B同學卻被拒之於門外。但通過他們身邊的親朋好友，我們了解到，A同學遇事不冷靜，容易感情用事，做事往往不符合邏輯性，缺乏企業極其注重現實的理性；B同學生活中雖然吊兒郎當，但剛正不阿，誠實豁達的性格，使其積聚了眾多好朋友，而這正是企業所需要的。於是，因為第一印象的先入為主，企業由於錯失了中堅人才，而造成不小的遺憾。

先入為主的印象並不是不可改變的，而是難以改變的。它的產生與個體的社會經歷、社交經驗的豐富程度有關。如果個體的社會經歷豐富、社會閱歷深厚、社會知識充實，他會將先入為主的習慣性控制在最低限度。也就是說，一個社會閱歷極其豐富的企業負責人，對於A、B兩個同學的面試表現，他們能夠很精準地捕捉到對方的優缺點，判斷其是否是企業所需要的優秀人才。他們具有一眼看穿的能力。相反，剛進入職場的年輕人，因為本身缺乏豐富的實戰經驗，難免會受到對方最初表現的影響，並主觀地斷定這就是這個人真實的態度與行為。之後，在很長一段時間內新人的這種觀念都不會得到有效的改善。看清楚一個人是怎麼樣的，是要花很長時間的，至於對方是否給了你合適的機會讓你真實看清，也是非常關鍵的。

我們是社會交往的群體，在日常生活中，難免要與各種各樣、不同的人打交道。在交往過程中，尤其是與別人的初次交往中，一定要注意給別人留下美好的印象，不要把自己不好的一面，展現給初次見面的人，這樣容易使你失去繼續交往下去的機會。人們是如何在45秒鐘內判斷出一個人的呢？第一印象主要是依靠性別、年齡、體態、姿勢、談吐、面部表情、衣著打扮等，判斷一個人的內在素養和個性特徵。我們的儀表風度，也就是說衣著是否乾淨？是否落落大方地與人接觸、交往？我們的言談舉止，也就是言辭是否幽默？言談是否不卑不亢？這些都有可能成為判斷第一印象的標準。

我們常常所說的「給人留下一個好印象」，一般就是指第一印象。當然，第一印象在社交活動中，只是一種暫時的行為，更深層次的交往還需要我們自身內在品質的完美展現，這就更需要我們加強在談吐、舉止、修養、禮節等各方面的素質。在展現真實的我們之前，第一印象決定著我們是否能繼續與對方交流下去。只要準確地把握好第一印象，給對方留下一個先入為主的好印象，我們就一定會給自己的開始開創一個良好的人際關係氛圍。

以己度人會導致危險的後果

仔細觀察生活就會發現，書香門第的家庭，其博覽群書的父母，都希望自己的孩子在學術上也能夠有所發展；出身體育世家的小孩，其父母更希望他在體育方面表現突出；而搞音樂舞蹈的父母，從小就會為自己的下一代做長遠規劃，希望自己的小孩將來有一天能在文藝方面做得更出色。如果父母都是大學教授，孩子卻偏好演戲表演這方面，一般情況下，父母是難以接受的。畢竟搞學術的人天生就對嘻嘻哈哈、不夠嚴肅的表演行業，具有排斥性，他們可能會覺得選擇演藝這一行當，會毀了孩子的大好前程的。

在孩子小的時候，即使不滿意父母的安排，孩子也沒有任何能力來加以反抗，只能硬著頭皮去學習，但當孩子長大的時候，小時候壓抑的苦楚就會爆發。在公開表明自己不願意，卻遭到父母的強烈反對時，孩子與父母的矛盾就到了白熱化階段。其實父母為孩子做任何決定，出發點都是為孩子著想，總以為自己所愛就可以成為孩子之愛。殊不知，強扭的瓜結出的終究是苦果，把自己的選擇強加於孩子身上，如果與孩子自身的意願發生衝突，只會給孩子帶來痛苦的體驗或叛逆的心理。

父母的行為屬於典型的以己度人，即認為自己具有某種特性，他人也一定會有與自己相同的特性，於是會把自己的感受、意志、情感投射到他人身上，並強加於人的一種認知障礙，亦即在人際交往中，人們常常會假設他人與自己有相同的愛好或傾向等，於是理所當然地認為他人必定會贊同自己所做出的任何行為。這種現象在心理學上稱為——「投射效應」。

以己度人是一種認知上的障礙，到頭來只能以失敗告終。儘管父母認為自己做出的選擇是為孩子好，是要給孩子一個最好的未來，但前提是要看孩子能不能認同？或有沒有興趣接受？只有當父母真正地了解孩子的興趣和愛好，在孩子感興趣的基礎上為孩子做全面考量，充分尊重和支持孩子，這樣投射心理就不會傷害到他們之間的感情。畢竟父母再怎麼美好的期望也代替不了孩子想要的東西。父母不能代替孩子思維，更不能代替孩子生活。古人講得好：己所不欲，勿施於人。同樣的道理：己之所欲，亦勿施於人。

以己度人，也就是心理學上經常講的投射效應，指的是經常會把自己的想法歸到他人的身上。如一個心地善良的人總會認為別人都是善良的，一個敏感多疑的人，總在懷疑別人對他不懷好意。

《農夫和蛇》的故事，我們大家並不陌生。善良的農夫一片好心，看到凍僵的蛇時，竟忘了蛇的天性，於是農夫的命運在一開始就已經注定。多疑的人看到別人在低聲私語時，總認為是在談論他的壞話，不自覺地豎起耳朵聆聽對方在講他什麼祕密。投射效應總會使我們對他人的知覺產生誤差。因為我們不是按照對方的真實情況進行正確知覺，總是遵循自己的想法認為他人也會有這樣的想法，從而導致錯誤的判斷，引起不必要的麻煩。

經常會碰到這樣的人，大家一起探討問題時，談論的焦點總圍繞著自己喜歡的事情，不管別人是不是感興趣，能不能聽進去，能不能引起別人的共鳴，一直滔滔不絕地聊自己。如果別人表現出厭煩的表情，他立即認為是別人不給他面子，或不理解自己。其實這是投射效應引起的嚴重偏差。投射心理還會導致一個人對自己喜歡的事情越來越喜歡，對自己討厭的東西越來越討厭。因為喜歡所以過分地讚揚或吹捧，因為討厭而過分地批評或指責。這種心理明確表明自己喜歡的東西就是美好的，自己討厭的事情是醜惡的。投射的心理讓這些人逐漸地失去了正確判斷的標準，而一味地從自己的角度考慮對方的思維，從而喪失了必要的客觀性，陷入不可自拔的泥潭。

投射現象非常普遍，稍不留意就會發生錯誤。宋代著名學者蘇東坡和佛印和尚是一對很要好的朋友，一天蘇東坡與佛印相對而坐，蘇東坡開玩笑地說：我看見你是一堆狗屎。佛印笑著回應：我看見你是一尊金佛。蘇東坡就很得意。回家興致高昂地對妹妹聊起此事。蘇小妹一副很鄙視的表情，對哥哥說道：佛家說佛心自現，你看別人是什麼，就表示你看自己是什麼。蘇東坡的這個故事明確告訴我們，我們在做推測時總會從自己的角度看問題，所以總會有出錯的時候。

有些時候，投射有助於我們保護自己不受傷害。我們總是喜歡與我們有相同特徵的人進行比較，但我們又不想在比較中失敗，使自己處於下風，於是把自己的特點投射到他人身上，自己和他人就一樣了，不管失敗或成功，大家都是一樣的，沒什麼大不同，自己錯了，別人也好不了，自己好了，別人會壞不了。

當我們發現自己身上的某些缺陷時，就會無意識地把這些自己不看好的特徵，投射到別人身上，從而形成「五十步笑百步」的心態。如對於一件難度不大的工作，自己沒有把它做好，心裡很是鬱悶，但當發現別人做得更糟時，就會大肆嘲笑，自己心裡的不安就會減輕不少，尤其是比自己更強的人做得不好時，心理壓力就會完全消失。心理投射告訴我們：強人都做不好，更何況我是一個無名小卒呢？

我們要知道，人心不同，各如其面。人與人之間是有很大差異的。我們在做任何判斷時，都要考慮到這種差異，不要隨便進行猜忌，隨便進行投射。人與人之間的共同性是有，但差異性更大。世界上沒有相同的兩片樹葉，同樣的，世界上也沒有相同的兩個人，即使是雙胞胎，差異存在也是很正常的。所以，在生活中，我們不要以自己的標準去看待問題，而要站在他人的角度思考問題，並儘量做到互利雙方。

偏見是衝突的根源

祝英台，美麗聰穎，自幼對知識有著無窮的渴求，無奈其父始終不允許，只得男扮女裝，偷偷遠赴他鄉求學。途中與梁山伯相遇，一見如故，相讀甚歡。後撮土為香，義結金蘭。二人同窗三載，情深似海。英台深愛山伯，但忠厚淳樸的山伯始終認為英台是男兒之身，故只有深深的兄弟之情。十八里相送，英台不斷借物撫意，暗示愛情，並暗示山伯家有九妹，品貌與己酷似，願替山伯做媒。後來一切明朗，山伯心中甚是歡喜。無奈天公不作美，祝父早已把英台許配家境富有的太守之子。美滿姻緣，已成泡影。面對祝家的以死相抗，英台山伯樓台相會，淚眼相向，淒然而別。「生不能同寢，死亦同穴」的誓言深繫二人之情。從此山伯憂鬱成疾，不治身亡，英台遵守諾言，以身殉情。

哭天地，泣鬼神，英台哀慟感應上蒼，風雨雷電大作，山伯墳墓爆裂，英台翩然躍入墳中，墓復合攏，風停雨霽，彩虹高懸。山伯英台化身彩蝶，在人間蹁躚飛舞，就是永恆。這段生死情，震撼了每一位心中有情之人，顛覆了向命運低頭的結局，讓人看到了希望。祝家嫌貧愛富，不顧山伯深情，硬生生拆散早已生死與共的二人，得到的只能是深深的哀嘆與悲傷。

與《梁山伯祝英台》相媲美的是，英國劇作家莎士比亞的著名戲劇《羅密歐與朱麗葉》，同樣的悲慘結局，同樣地震人心碎，同樣使人癡迷神往、肅然起敬。

凱普萊特和蒙太古是一座城市的兩大家族，這兩大家族有宿仇，經常械鬥。蒙太古家有個兒子叫羅密歐，17歲，品行端正，是個大家都很喜歡的小夥子。偶然他混進凱普萊特家的宴會場，想尋找新的際遇。卻被凱普萊特家的獨生女兒朱麗葉深深地吸引了。

13歲的朱麗葉美若天仙。羅密歐向朱麗葉表示了自己的愛慕之情，朱麗葉也對羅密歐抱有好感。可是，當時雙方都不知道對方的身分。真相大白之後，羅密歐仍然不能擺脫自己對朱麗葉的愛慕。他翻牆進了凱普萊特的果園，正好聽見了朱麗葉在窗口情不自禁呼喚羅密歐的聲音。羅密歐與朱麗葉從此一發不可收拾，陷入了深深的熱戀之中。

但是，雙方家族的宿仇，並不容許他們的純純的愛。後來出身高貴的帕里斯伯爵向朱麗葉求婚，凱普萊特非常滿意，並命令朱麗葉下星期準備結婚。面對種種壓力，朱麗葉羅密歐不願向現狀低頭，請求神父的幫忙。可是陰差陽錯，二人都為忠於愛情，誓死相隨對方，於是羅密歐為朱麗葉喝下了毒藥，朱麗葉拿羅密歐的劍刺向自己，兩人相繼死去。羅密歐與朱麗葉用生命的代價，向雙方的父母見證了愛情的高貴，從此雙方父母冰釋前嫌，成為朋友。

也許，用生命來對抗對愛情的阻力，在我們看來，不是值得推崇的方式。畢竟身體髮膚受之父母，不得隨意損害。但不得不承認，用生命的代價向世人宣告愛情的堅貞與高貴，令人震驚。羅密歐與朱麗葉相愛，但由於雙方世仇，他們的愛情遇到了很大的阻力，但壓迫並沒有使他們分手，反而使他們愛得更深，直到殉情。梁山伯儘管家境貧窮，但愛情卻是高貴的。在受到祝家極力阻攔與英台的往來時，終於憂鬱吐血而死，英台傷心欲絕，隨之跳入山伯之墓，以死相隨。

不管是祝英台與梁山伯還是羅密歐與朱麗葉，他們都處於封建統治開始腐朽沒落的時代。追求自由的愛情，就意味著違背常理，不為傳統所接受，放棄愛情生活，意味著要忍受沒有愛情的人生。追求個性解放、思想自由的他們，選擇了以堅決的態度和勇敢的犧牲精神，來捍衛人性的尊嚴和自由，追求屬於自己的一份純潔美好的愛情。然而，他們的選擇必然要遭到封建勢力的壓迫與排擠，不可避免地受到封建世俗觀念的衝擊。這種衝突的根源，來自於新舊文化理念各自主導的思想，也就是傳統封建文化對個性解放、思想自由這種新理念的認知偏見。新湧入的思潮顛覆了他們以往一貫的主張，他們堅決維護的安全港遭到了侵襲，受到了破壞，這是固執的人們所無法容忍的。

其實，在羅密歐與朱麗葉為愛情而抗爭的時候，他們的內心也是充滿了矛盾與爭鬥。兩位主人公出生於義大利維羅納城的兩個名門望族；不論是凱普萊特，還是蒙太古家庭，都不會允許自己的子女追求婚姻自由。而且，富有的貴族凱普萊特與蒙太古家族，本來就有世仇，兩家結怨多年，互相爭鬥，視對方為仇敵；在街上偶然相遇尚且會引起械鬥，更別說是容忍自己的後代之間發生真摯的愛情了。可以說，他們的家族矛盾時刻處在一種水火不容的爆發邊緣。在維護家族尊嚴和追求愛情的衝突中，他們內心都深受著良心上的譴責。在劇中，作者通過語言的魅力，真實地描繪出了朱麗葉內心世界的矛盾：朱麗葉充滿柔情地呼喚著羅密歐，「羅密歐啊，羅密歐！為什麼你偏偏是羅密歐呢？否認你的父親，拋棄你的姓名吧！也許你不願意這樣做，那麼，只要你宣誓做我的愛人，我也不願再姓凱普萊特了……」

家族之間的世仇引起的偏見一般很難消除，由封建偏見造成的家族尊嚴，更是被他們維護得極其嚴密，即使是他們最深愛的兒子也不可以對其影響。最後，他們只能以生命來換取自由的愛情，既維護了封建家族的尊嚴，同時也給家族致命的一擊。血的代價換來了衝突的化解、偏見的消除。

發生在中國封建社會的梁山伯與祝英台的愛情故事結局則大不相同。即使在他們雙雙羽化成蝶之後，他們的愛情也沒有能夠得到家族的祝福，同樣也無法化解封建偏見構建的貧富等級這道堅固圍牆。在當時的社會，這只是一種美好的假象，封建社會容不得他們的存在，封建權威容不得他們的挑戰。他們的愛情故事在封建等級制度森嚴的當時，只能被殘忍地壓制。

可見，衝突的產生根源還在於其偏見之念，在於封建傳統文明對新時代新思想的一偏之見。事實上，不僅是在頑固守舊的舊時代，即便在21世紀的當下，人們日常生活中的衝突，也來自於根深柢固的內心偏見。

在我們日常生活中，敏感的家長、老師都會發現自己的子女或學生有早戀的現象。事實上，這種早戀與真正的戀愛是不同的。早戀只是青少年在感情上的另一種形式的依賴，並不算是真正的戀愛，是學生純潔乾淨的一種情感表現。但是父母、老師不問青紅皂白，就給子女或學生扣上「早戀」帽子，使得這些學生變得越來越反抗，越來越敵對，甚至還會做出一些出格的事情來威脅自己的父母、老師，因為父母或教師想當然的觀念，把他們這種純潔的情感給完全破壞了。

不僅如此，很多時候，成人對孩子早期異性的接觸產生的那種偏見，會使孩子產生一種不被信任的體驗，所以為了消除這種不愉悅感，孩子們往往選擇挑戰權威。孩子與成人之間產生嚴重的衝突行為，孩子認為成人不了解自己，「只許官家放火，不許百姓點燈」，父母則認為孩子叛逆，不懂事，「翅膀硬了，管不了了」。

實際上，父母要明白，任何事情均有因果，孩子反抗父母，挑戰權威，從本質上來講，並不是為捍衛堅貞的愛情而對抗，而是為了趕走心裡產生的不舒服感覺，是為自己贏得日漸增長的尊重感。

面對這種情況，成人要慎重處理，採取正確的措施，理智地看待學生的「早戀」現象。如可以慢慢地讓「早戀」的男女，認識到雙方都擁有的一些缺點，認為對方實際上並不是完美無缺的，讓學生那種愛情幻想受到衝擊，讓他們慢慢思考實際上父母的反對，是有一定道理的。

雙方理智地看待問題，讓子女或學生真正認識到早戀對自己的影響和危害。如果父母、老師強制阻撓，結果只會適得其反。

偏見產生於立場

「盲人摸象」的故事家喻戶曉，其寓意是不能只看到事物的一部分，而應看到全局才能了解事物全面、真實的情況。看問題不能以偏概全，完全根據自己當時所處立場而下定論。四個盲人佔據四個不同的位置，摸到的大象自然不同。胖盲人站在了大象頭的位置，一伸手首先觸及的就是大象的牙齒；高個子盲人因為身材高大，所以最先摸到的自然是大象頭頂上的耳朵；矮個子盲人身材矮小，只能摸到大腿，年老的盲人正好站在大象尾巴那個地方，所以就說大象只是一根繩。立場不同，面對同樣的問題見解就不同，產生偏見也屬自然。可以這樣說，只要認同人與人之間的差異，就能理解偏見無處不在。

森林裡的動物們準備進行選美大賽，很多動物都報名參賽，吵吵嚷嚷好不熱鬧。可是評委們在如何選美這個問題上卻發生了爭論，牠們對美的定義持有各自的看法，真是婆說婆有理，公說公有理。棕熊認為美的標準就是身體健壯，「作為動物界的大力士，我們熊家族個個都具有一種力量美」；麻雀卻不認同棕熊的看法，「美麗的動物一定要有漂亮的外表，比如鳥類家族中的孔雀，牠的羽毛多美麗，氣質多優雅呀！」老鷹認為牠們說的都不對，「最美麗的動物應該有一雙銳利的眼睛，那才叫迷人呢！」這時，螞蟻搶過話題，「內在的美，才是最美。我們昆蟲界裡的蜜蜂，天天不辭辛勞地工作，那才叫美麗呢！」貓頭鷹說：「你們的理解都有偏差，最美麗的動物應該是對森林最有貢獻的動物。啄木鳥，天天忙著捉蟲子，沒有牠們的努力，森林裡就會到處是蟲子，我們生活的環境就會很糟糕。」

森林之王看著評委們你一言我一語地各執己見，也沒統一做出標準，就說道：「我看大家對美的認識各有看法。咱們能不能綜合一下，把美的標準定義為——要有熊一樣的力量、孔雀般漂亮的外表、鷹一樣銳利的眼睛，像蜜蜂那樣勤勤懇懇，還要有啄木鳥的奉獻精神。按照這樣的標準選擇，我們一定能選出最美麗的動物。」

動物選美的故事與盲人摸象的故事如出一轍，立場不同，對問題的認識就不同，人們就會產生偏見與爭執。是不是如獅子所講的那樣，把各種美的特質綜合在一起，就能選擇出最美的動物呢？在我們生活中，人才考核、人才選拔等，就如同動物選美，把眾多標準綜合在一起，達到這個標準的就是最棒的，相反達不到這個標準的就該被淘汰。

可是，我們不要忘了，我們選擇的是人，而不是神。只要是有生命的個體，就會存在差異。認同了人與人之間的差異，就不要試圖尋找完美的人，那樣只會浪費時間與精力。畢竟，每個人的「審美標準」，其實都是建立在自己認知基礎之上的，這就是一種立場。硬要把自己的立場凌架於他人之上，就會產生偏差。所謂——「不當家不知柴米貴，不養兒不知父母恩」講的就是這個道理。

在管理心理學中，實驗者為驗證人的「偏頗性傾向」曾做過這樣一個實驗。實驗者找來一百個學財務專業的商科學生，把他們按50人一組分成兩組：一組代表賣企業的賣方，另一組代表買企業的買方。實驗者把一個要出售的企業的詳細財務資料交給他們，這兩個組的任務就是對這個企業的價值進行公平的估值，從而完成這個企業的買賣交易。每個組又被分成兩半，一半人代表買賣企業的當事人——公司的決策者或股東；另一半人代表受僱於買賣雙方當事人的財務顧問和審計師。然而，儘管買賣雙方受的是同樣的教育、同樣的專業訓練，並且獲得同樣的財務資料，可是在多次重複實驗中，買賣雙方對這個企業的估值，竟相差50％以上。

實驗者把這個試驗又延伸一步，代表買賣雙方的財務顧問和審計師在背後被告知：為了更準確地評估這個企業的價值，實驗者又聘請一組獨立的財務顧問和審計師，對這個企業的價值進行評估；希望代表買賣雙方的財務顧問和審計師，對各自當事人的估值建議要盡可能接近獨立評估值；如果能促成當事人達成這個企業的買賣交易，他們還會有獎金。然而，讓實驗者驚訝的是——「買賣雙方的估值仍然相差30％！」

顯然，參加實驗的審計師和財務顧問，對這個企業估值的偏差，不是產生於他們的專業水平，而是他們各自代表的立場；儘管他們被告知要公平地評估這個企業的價值，而且還有獎勵，然而，買賣雙方的不同立場使這些專業人士們，無意識地做出了不甚公平的估值。

從這個案例中，我們看出偏見有時候產生於立場。立場不同，獲取的信息和獲取什麼樣的信息就不同，擁有不同信息的人去做決策，結果肯定是有顯著性的差異。有時候，偏見不見得就是孤陋寡聞。

上述的案例只是一個實驗，被試者擁有相同的專業教育，做出的評估差異還這樣明顯，更不用說在現實生活中，人與人之間由於所受教育程度不同，加上實戰經歷水平等因素，差異更是南轅北轍，兼具的偏見之念更容易引起衝突。

偏見源於立場，在心理學上還有一個更為著名的實驗：史丹福監獄實驗。該實驗有力地論證了處境的作用，即一個人的態度與行為，往往受到他們當時所處環境的影響與支配。實驗的思路很簡單：實驗者挑選一些健康、正常的被試者，來體驗他們身分被換掉時的感受，一半被試者作為獄警，一半被試者作為囚犯。史丹福大學為了使實驗有好的效果，他們在一幢地下室偽裝了一座監獄，並要求被試者必須真實地模擬現實生活中囚犯和獄警的經歷。明白了實驗指導語之後，這些被試者將要開始一段全新的生命旅程。

「囚犯」們像平時一樣一大早出門的時候被警車帶走，然後被採集指紋、關進監獄。接著被脫光衣服，搜身，理髮，拿到囚服，得到一個編碼號，並在一隻腳上戴上腳鐐。另外的被試者則穿上了警服，並手持木棍，裝扮為生活中真實的獄警模樣。

實驗一開始，被試者們沒有太大的變化，但到了第二天，偽裝成「囚犯」的被試者開始反抗被監禁的生活，偽裝為獄警的被試者則迅速地採取了壓制，他們像真正的獄警那樣把囚犯全身剝光，對他們進行了嚴厲的懲罰，還把起鬨的頭目關了禁閉。不久之後，「囚犯」們就無條件地服從了「獄警」。這樣的生活僅僅過了幾天，被試者們報告說他們之前的身分，似乎已經完全被抹去了。「囚犯」的被試者在情緒上出現了崩潰的前兆，膽戰心驚害怕成為「獄警」棍棒下的犧牲品。同樣，「獄警」的被試者也適應了自己獄警的身分，他們常常辱罵和虐待自己的囚犯，並且認為一切都是理所當然的。

不僅是被試，就連實驗者自己本身也開始適應了自己的角色——監獄主管，因為他發現在整個實驗過程中，他更注重監獄的安全，而不是被試者福利。實驗者事後回憶，他們每天都忙於應付管理「監獄」發生的混亂，遇到的危機，卻忘記了他們實驗的真正目的。這個實驗只持續了六天就結束了，比預定完成的時間少了一半，因為研究人員發現：即使是偽裝的監獄，即使是偽裝的角色，不管是被試者還是實驗人員，他們都不自覺地承擔了自己被指派的社會角色，獄警就應該變得獨裁，就應該虐待囚犯，而囚犯就應該卑屈地忍受獄警給的懲罰。

這個實驗是心理學上非常典型的關於探討處境作用的實驗。通過這個實驗，我們看到人們總是能很容易地適應自己身處的環境，並表現出適合自己角色的態度與行為，而對其他人表現出偏見，不滿，甚至是憤恨。

生活中偏見的演變

下面是一則關於一個女孩子的故事。

我本身是一個不夠自信的人，可能是與從小生長的環境有關。從小母親就不斷地向親朋好友抱怨道：「我這個女兒長得醜，而且還長不高，眞是令人費心……」

這樣的話語，我從小聽到大，由最初的反感到後來的厭惡到最後的麻木，我已經習慣了我自己長得醜的現實。如果有人偶爾說我變得好像和以前不一樣了，變漂亮了，我也會感覺特別彆扭。我甚至會覺得講這話的人本身很虛僞，因爲明明就長得不漂亮嘛，卻硬說我好看，這人肯定有什麼不良企圖。這樣的思維模式，這樣的思考立場，我已成習慣。因爲立場最初就是錯了，所以這個錯誤讓我受到了很大的傷害。在經歷了痛苦的成長之後，我才明白最初的自己偏向有多嚴重。

一直以爲自己是不漂亮、沒氣質的女孩這種心態，影響到我對周圍人的態度與行爲，尤其是對那些長相很美的人，我從本能上抗拒。我坦白地承認我對她們是極其嫉妒的，但同時我又覺得她們空有靚麗的外表，內在是膚淺的，也就是現在非常流行的「花瓶」，所以從另一個角度來說，我對漂亮的女孩都很鄙視。

這種矛盾的心理讓我很掙扎。我記得我讀大學時，宿舍裡就有一位非常漂亮、有氣質的女生，我對她的感覺剛開始眞的很不好。我用習慣的思維方式來看待這位室友，所以我們的關係處得不是很融洽。如果用「冷漠」二字來形容我們的關係的話，有些言輕，但女孩子又不會武力相向，這樣太嚴重了。我們的關係介乎兩者之間。就這樣我們度過了一年。

我們是室友，有些時候不得不合力完成一些任務。在合作的過程中，我忽然發現她很細心，也很和善，她會站在你的角度指正你的缺點，同樣她也會肯定你的優勢。與這樣美麗與智慧的女子合作，感覺是輕鬆且愉悅的。我忽然很不理解自己之前的一些想法。細細反思之下，才知道是自己的投射心理太重，也是因爲自己自卑因子在作祟。

認識到這點之後，我忽然像甩掉了肩上的沈重包袱一般，那麼輕鬆與愜意。之後，我誠懇地向室友道歉，並與她促膝長談一番，才發現我們在很多地方都是如此的與眾不同。正是因爲如此，我們才找到了互相彌補的需求。之後，我的這位室友成了我身邊最支持、最鼓勵我的好朋友。

偏見，就像是戴上了有色眼鏡，遮住了你清晰的視線，你是在模糊地看這個世界，看身邊的人和物。眼鏡總有摘下來的時候，在摘下的空檔，我忽然發現美麗的人不是因為美麗的外表，而是因為美麗的心靈。這個道理很淺顯，也很易懂，而我卻花了好長的時間才弄懂。不過，正因為有這樣的經歷，我的體悟才更深刻。

一葉障目不見泰山

回頭看看我們周圍，轎車、三C用品、電器用品、衣服、飲料、餅乾等，可以說大小無巨細，只要是商品，就會看見明星的笑臉。商家為了能夠更好地推廣新產品，不惜花巨額金錢邀請當下最紅的明星作為品牌代言人。借助名人的名氣幫助企業聚集更強的知名度，讓人們一想到明星就能想到該產品。這種銷售策略確實為商家帶來了巨額的利潤，因為人們總是認為名氣越大的明星，使用的產品的質量就越有保證。與其說人們是

去買實用商品，還不如說人們是捧自己喜歡的明星去了，

美國心理學家凱利提出一個人的某種品質，或一件物品的某種特性能給人非常好的印象，在這種印象的影響下，人們對這個人的其他品質或對這個物品的其他特性也會給予較好、較高的評價，即「光環效應」或「暈輪效應」，即愛屋及烏的強烈知覺影響了人們對他的正確判斷，就像月暈的光環一樣，向周圍彌漫、擴散。這種愛屋及烏的知覺習慣，常常會導致人們以偏概全地看問題。心理學家戴恩曾經做過這樣的實驗，清晰明瞭地折射出「月暈」的影響：戴恩要求被試看一些很有魅力、中等魅力、無魅力的人的照片，然後讓被試者評定照片上的人。結果表明，被試者對有魅力的人比對無魅力的人，賦予更多積極的人格特徵，例如沈著、善良、和藹等。

在日常生活中，暈輪效應也比比皆是。「情人眼裡出西施」講的就是戀人間的暈輪效應。野蠻的女孩，在常人看來是粗魯不可取的，但在情人眼裡卻永遠都是可愛的表現。韓國的一部賣座電影《我的野蠻女友》，讓男子越來越偏向尋找具有野蠻氣質的女孩。正是光環效應使得野蠻的戀情，越來越得到普遍的認同與欣賞。有時候外表漂亮的人往往能夠得到更多的讚美，也更能獲得他人的青睞。這是人際交往中的「光環效應」。人們下意識地會把漂亮的外表與良好的品德，如善良、誠實、機智等聯繫在一

起。明星家庭走出來的小孩，走上演藝這條路的機率，要比一般家庭的小孩來得高，高官子弟在事業上的發展更能平步青雲，這就是家庭傳遞的光環效應。

從心理學角度來講，人們的知覺判斷受到光環效應的強烈影響，是由人的知覺偏好決定的。熱情的人往往親切友好，富於幽默感，樂於幫助別人，容易相處；而「冷漠」的人較為孤獨、古板，不願求人，比較難相處。熱情冷漠就演變成這個人的核心特徵，並泛化到其他方面。因為就人的性格結構而言，一個人的各種性格特徵在很大程度上是相互關聯、相互制約的。如具有勇敢正直、不畏強暴性格特徵的人，往往表現在處世待人上襟懷坦蕩，敢作敢為，在外表上端莊大方，懇切自然，而一個具有自私自利，欺軟怕硬性格特徵的人，則會在其他方面表現出虛偽陰險，心口不一，阿諛奉承，或驕橫跋扈。這樣的知覺偏好很容易引領我們走入月暈的誤區。

我們購買一些明星代言的產品，是因為我們喜歡這個人。但這個人是否就代表了該產品的質量呢？未必。或者說二者根本就沒有任何聯繫。人們的片面知覺影響了對全局的判斷，是主觀推斷的泛化、定勢的結果。為什麼會喜歡這個明星呢？實際上也是光環效應在起作用。可能是因為他唱過的一首歌，也可能是他演過的一部戲，使我們對他們產生了好感，並把這種好感延伸到該演員的身上，認為是他自身的品質。細細分析，毫無道理可言。著名歌手滿文軍因為吸毒事件被關。很多人聽到這件事的時候，第一反應就是：聽錯了吧，怎麼可能？滿文軍不是唱《懂你》的那位歌手嗎？不可能……但事實就是事實，無論你的明星光環有多大，犯錯了就要付出犯錯的代價。《懂你》一首歌唱紅了滿文軍，滿文軍敦厚老實的樸實形象日益深入人心，贏得了很多人對他的喜愛。正是這種效應的影響，當他吸毒被捕時，人們才會無法相信這個事實。

二〇〇八年娛樂圈最大的新聞事件非「陳冠希」與眾女星的私密照莫屬。Twins作為香港樂壇青春可人的玉女歌手，在人們心中留下了非常美好的印象。所以當阿嬌的「艷照」在網絡上迅速流傳開來時，人們覺得自己受到了欺騙，指責謾罵聲此起彼伏。有人認為在這個事件中最大的受害者是喜歡她愛護她的觀眾。為什麼她的粉絲會受傷？這就是光環效應。歌唱得好就能代表人的品質好嗎？人長得青春靚麗就代表心靈純潔乾淨嗎？艷照波及香港娛樂圈眾多明星，造成的後果性質之惡劣，不得不讓人冷靜沈思。明星在螢幕上塑造出來的，或在媒體上展現出來的就是在我們心中留下印記的「光環」或「月暈」，在光環的籠罩下，他們的真實自我常常會被掩蓋掉，引導我們走入了難以擺脫的惡性循環之中。

暈輪效應帶給我們的後果有時很嚴重。俄國著名的大文豪普希金，就是因為愛上

「莫斯科第一美人」納塔麗，而搭上自己寶貴的性命，使得文學界一顆巨星過早地隕落。只因為普希金認為漂亮的女人，必然擁有非凡的智慧和高貴的品格。正是暈輪效應導致了普希金的過早身亡，這不能不說是諷刺性的一幕悲劇。

定勢會造成偏見

《呂氏春秋．察今》中講的刻舟求劍的故事，大家都不陌生，說是有一個楚國人坐船過江時，隨身佩帶的劍掉進了江裡，於是他不慌不忙地在劍落水的地方，刻了一個記號。船家很是好奇，問他為什麼不立即跳水找尋寶劍。楚國人對船家說：「我的劍是從這兒掉下去的，等船靠岸了，我就從做記號的地方下水再去尋找，自然就能找到。」該故事聽起來讓人覺得很是荒誕可笑，但在我們周圍類似的想法、行為並不少見。

很多人都認為英國人紳士、聰明、傳統、保守，美國人民主、樂觀、友善、熱情，日本人上進、勤勞、崇武、有野心，法國人熱情、開朗、浪漫、輕率等。我們都是在以我們自己理解上的偏見，來定位某個國家的人，並形成一種整體上的感覺，這種感覺反過來又影響到我們對某個具體的人，做出判斷與評價。

除此之外，人們一提到教師就會想到文質彬彬，一提到商人就會與唯利是圖相聯繫，一提到明星就會覺得星光璀璨，一提到醫生就會想到冷酷嚴肅，一提到護士就會想到守護天使，一提到律師腦海中就會出現巧辯、睿智的形象，等等。不得不說這是一種靜態的、看不到任何發展變化的、一板一眼的行為習慣。

在認知一個人，或者知覺一件事情時，人們已經在頭腦中保存了，關於與該人或該事相聯繫的某一類人或某一件事的固定印象，並把這類固定印象作為判斷和評價這個人或這件事的依據，這樣人們的認知會產生一種偏見，想當然的、固執己見地從自己的認知角度出發考慮他們所知覺的人或事，結果貽誤時機，引起許多不必要的誤解或麻煩。

心理學上有種「類型學」的知覺原理。該原理認為，當某個人的品質特徵，與某一類型的類特徵相近或相同時，人們就會迅速地做出判斷——這個人擁有這類人的其他特徵，並把他歸類為該類人；「定型性」知覺原理，如果是一個人表現出來的定型性特徵特別強烈的話，那麼，他給人形成的印象可能就會非常顯著，以至於人們會認為他就是這樣的人，並對此形成強烈的刻板印象。

不管是「類型學」還是「定型性」，都與知覺者的定勢知覺有密切的關係。知覺者會根據自己特有的認知經驗，把某一類型特徵加以固定化，以至於當某人表現出這類特徵時，就會把這個人固定、類化為這類型的人。這種定勢知覺表現出的偏激性、片面性和失真性，給人產生的消極作用很是明顯。

想像一下這樣的場景：第一次與新認識的朋友約好在咖啡館見面，但這個朋友卻遲到了。不管朋友遲到的理由是什麼，一般情況下我們也不會去思考、去關注朋友遲到的理由，我們習慣性地把朋友歸類為不守時的人，以至於下次見面時，我們都會強迫自己告誡朋友一定要準時，千萬不要遲到等等。事實上，也許真的是下班尖峰期交通嚴重堵塞，也許是朋友的車子半路拋錨不得已搭計程車趕過來，也許是……定勢造成的刻板反應在第一次見面時尤為重要，稍不留意，就會給對方留下有損自己形象的印象，更多時候是很難改變的。

生活中吊兒郎當的人不一定在工作上就不認真。有的人就是能夠把生活態度與工作態度清楚地分開。如果你把一個嬉笑頑皮之人等同於不負責任、不夠能力的話，那麼相信你損失的就不是一個朋友這麼簡單了。你的定勢思維剝奪了他展示自己能力的機會，導致他的創造性思維無法得到施展，最後的結果肯定是雙輸。

這種定勢思維也會經常發生在招聘現場。應聘者去面見主考官的時候，會精心打扮一番，儘量符合他要應聘的職位，這種心理就出自要給對方留下一個良好的印象，給自己創造更多的機會與招聘方交流，增加自己勝算的可能。

定勢思維會把人的複雜性、多樣性過於簡單地類化，而且在很多情況下，它具有驚人的一致性。這種思維造成了知覺者的偏見，使他們離真實的距離越來越遠，有時甚至完全不搭調。

有意思的是，演員在選劇本的時候會花很多的時間與精力思考要不要接，有很大一部分的原因，就是怕觀眾對他形成一種定勢思維。因為如果選擇稍有不當的話，就會造成遺憾。二十世紀九〇年代瓊瑤大戲《還珠格格》曾征服了多少少男少女，演出該片的很多演員命運由此改變，最為典型的就是裡面容嬤嬤的扮演者李明啟老師。據說該片在大陸上演後，觀眾只要在街上見到李老師就會追著打罵，恨得咬牙切齒。但從另一個角度來講，清宮戲裡的嬤嬤角色就這樣被定位。很多人在看過清宮戲之後，總要與李老師的嬤嬤形象做一番比較，並得出結論——嬤嬤角色演得不到位。李老師被觀眾追著謾罵，是因為嬤嬤形象使很多觀眾認為生活中的她，也如同戲裡一樣遭人痛恨。演員如果老演某些固定的角色的話，觀眾很自然地就會認為他只適合演這類型的角色。觀眾的這種想法還會帶到生活中來，把演員自身的行為處事，或性格特徵都打上戲的烙印。但演員的真實生活真如劇情中的一樣嗎？當然不是。有時候，我們連自己都無法清楚看透，又怎麼能輕易看透我們並不了解的陌生人呢?!

清楚地了解一個人，就要善於用「眼見之實」去核對「偏聽之辭」，不能因為一個人偶爾的行為表現就評判這個人怎麼樣。我們很多時候，要做到「對事不對人」。我們深刻了解一個人需要長時間的接觸與磨合，不斷地檢索驗證原來刻板印象中與現實相違背的信息，最終才能得出正確的認識。

不要希求絕對的公正

有一天上帝聽到人們都在抱怨：這個世界太不公平。上帝決定製造一種絕對公正的東西。上帝首先選擇了善良。「人之初，性本善」，誰知道後來人們都開始欺負善良的人，利用善良的人，不珍惜善良，而且越來越多的人開始不喜歡善良，甚至怨恨和冤枉善良的人。上帝覺得不公平，於是放棄了善良。接著，上帝選擇了誠實。上帝相信人們一定都喜歡和善待誠實，因為上帝相信任何人，都不喜歡生活在虛假的世界裡。

可是，這次上帝又錯了。人們開始欺騙誠實的人，陷害誠實的人。惡人和善人都在抱怨誠實。上帝又選擇了健康、笑容、幸福、快樂……直到最後上帝迷惑了。上帝不知道還能不能找到一種絕對公正的東西，來停止人們的抱怨？上帝自問：是我太沒有能力了，還是人們太貪婪了？

這時，有一種無形的東西走了過去，轉瞬即逝，上帝還沒有回過神來，已經消失得無影無蹤，上帝決定追上去。可是，任憑上帝怎麼努力，這種東西都能無孔不入，無處不在，我行我素，從來不聽從於任何擺布，能抓在手裡的總沒有失去的多，能感覺到的總沒有逝去的多。這時，上帝笑了：這不就是我一直在尋找的東西嗎？一個連我都無能為力的東西，一個連我都敬畏的東西，人們怎麼可能不抱怨呢！

上帝說的是時間。在轉瞬即逝的時間中穿行，人們想要的絕對的公正太渺茫了，或者說一味地追求絕對的公正，得到的只能是抱怨與過著不幸福的生活。

《博弈聖經》上說：公正是不自願和高興之間的均贏。從這句經典的博弈言論中，我們了解到，公正無絕對。這是個贏家通吃的社會，在無處不在的偏見面前，善用無絕對的公正論，贏家就是你。博弈，說白了就是賭博，但又不能與賭博相等。有人認為博弈是陽光下的賭博，而賭博是隱蔽下的博弈，二者的區別就是一個實體法則在飛秒瞬間界定的。在現實的生活賭博賽中，要想成為贏家，過得快樂，就要懂得：不要希求絕對的公平與公正。

每一位新進入微軟的員工，都會得到微軟總裁比爾．蓋茨的一句告誡：「記住這個世界永遠是不公平的。」是的，當你騎著自行車走過，羨慕別人擁有豪華奢侈的高品質生活的時候，當你啃著麵包，嫉妒別人拿著高薪，坐著高位的時候，你埋怨世界真是不公平。但是請冷靜想一想，當你在抱怨世界不公平的時候，你是否問過自己：「你真的努力過了嗎？你付出的有比別人更多嗎？」當比爾．蓋茨沈著冷靜地告誡新員工的時候，你是否想過這句話背後隱藏著多少不為人知的努力與付出呢？

在微軟創業初期，比爾．蓋茨滿世界地飛，他親自跑到各個公司與人家談，如德國西門子公司，法國公牛機器公司等。他還經常單槍匹馬地參加世界各地的展覽，推銷產品。有時候比爾剛出差回來就要連續上班24個小時，累了就在辦公室睡一會兒。雖說微軟公司的員工足夠努力與勤奮，但據說目前還沒有哪位員工能比得過比爾的勤奮與努力。哈佛商學院的案例有這樣的描述：「蓋茨好像就住在辦公室，他每天上午大約9點鐘來到辦公室，就一直待到午夜，休息時間似乎就是吃外送比薩的幾分鐘，吃完之後他就又繼續忙開了。」

微軟的成功離不開員工的勤奮與努力，比爾．蓋茨的成功同樣離不開他的勤奮與努力，這是毋庸置疑的。事實上，很多成功的公司，很多成功的精英，之所以能夠走得長遠，離不開本身就有的勤奮、刻苦的內在品質。我常在想，他們在努力拼搏的時候，遇到挫折不順的時候，應該都產生過世界不公平的抱怨，否則在成功之後也不會告誡員工不要把這個世界看得太美好。但努力依舊、勤奮依舊，所以抱怨顯得如此蒼白無力……

不要希求絕對的公正在電影《攻其不備（The Blind Side）》中展現得淋漓盡致。珊卓．布拉克（Sandra Annette Bullock）憑藉該影片一舉拿下第八十二屆奧斯卡影后。《攻其不備》是根據真實的故事改編，講述的是一個16歲弱智黑人小孩邁克，在一對白人夫婦的教養之下，一步一步走向成功的感人故事。

邁克是一個吸毒女人生下的私生子，他從小就不知道自己的父親是誰。吸毒的母親無力照顧小邁克，所以他從小就被政府機構收留，生活在政府為他指定的收養家庭中。智商只有80分，但身材卻十分高大的邁克在九年裡上過十一個學校，每次學校都以不同的理由開除他，最後他被一所「為神服務」的學校所錄取。在這所學校裡，老師同學對這位身材高大智商卻很低的黑人小孩，沒有表現出接納的態度，幾乎所有的人都排斥他。

他總是默默一個人行走在漆黑的夜，那麼的孤寂，卻毫無怨言。寒冷的冬夜，即使是在聖誕節期間，孤苦無依、穿著單薄的邁克卻沒有地方可去，不得已的他只能去學校的體育場過夜，因為那邊可以溫暖一點。偶然間，前往體育場的邁克遇到了一對好心且生活在美國上層社會的白人夫婦，熱心的女主人把邁克領到了自己家，給他提供暫時的衣食住行。最後又把他收為養子，給他照料，給他關懷，給了他一個溫暖的家。

當邁克的養父母發現他除了防禦成績拿到90分之外，其餘各科成績均為零點幾時，養父母請了優秀的家教幫他補習，並把他送入了足球隊。最初，防禦能力極高的邁克，攻擊力卻弱得可憐，這使得他在球隊的成績受到了極大的限制。養母根據邁克具有的特性，進行了有針對性的指導，結果教練怎麼做也做不到的事情，養母的一句話改變了邁克，也改變了邁克所在球隊的整體氣勢。邁克憑藉他的實力與爆發力，得到了區域冠軍，學習成績在家教的指導下，也得到了突飛猛進的提高。

邁克引起了美國大學足球教練們的注意，他們紛紛降低身分，前來邀請邁克加入他們的球隊。在經過慎重的考慮之後，邁克選擇了養父母的母校密西西比大學。邁克的事情引起了聯邦政府的質疑，他們認為邁克的養父母領養邁克是別有目的，旨在為他們的母校培養優秀的足球運動員。在接受政府官員的調查時，邁克這樣講道：你一直問我他們為什麼要我去密西西比大學，你卻從來沒有問過我，我為什麼會選擇密西西比大學。因為那是我父母曾經上過的大學，那是我的家人曾經待過的地方，所以我選擇沿著父母的足跡繼續前行。說完這一切，淡定自信的邁克從容地離開了。

邁克的智商絕對不低，只是他從小缺乏家庭的溫暖，缺乏一份安全的信任，他迷失了。養父母給了他安全，給了他信任。他回報養父母的那份決心，證明了邁克是一位非常非常聰明的孩子，所以他成功了。邁克之前的經歷是不幸的，看著他被人欺負，看著他瑟縮地躲在牆角，看著他自卑地行走，人們不禁要感嘆這個世界真的是太不公平了。可邁克沒有抱怨，邁克沒有像其他小孩那樣的蠻橫無理，也沒有憤恨這個對他不公的社會，他總是默默地承受著一切。他用自己天生的防禦能力保護著自己。因為沒有希求這個世界的公平與公正，所以邁克即使在後來得到了養父母的疼愛，得到了他人的接納、讚揚與崇拜，他依舊保持一顆純潔乾淨的心，保持著最初的純真。

我們也一樣，在遭受挫折不幸的時候，不要怨天尤人，不要時刻抱怨，要保持一種沈著來應對，用雲淡風輕的態度來生活；在我們獲得勝利，受人追捧的時候，也不要得意忘形，要始終保持最初的淡定情懷，從容地應對發生在我們身邊的一切……

beautiful life

第7章 最本能的心理——自私

狹隘的自私觀認為，自私就是損人利己的行為。這個定義過於片面。因為在競爭如此激烈的現代社會，能夠促進社會進步，為社會創造巨大財富，解決很多社會問題的當屬那些被人們稱為「自私自利」的商人富豪們。自私的界定可以從兩個角度來理解：當一個人同他人、同社會發生利益關係的時候，他首先考慮的是自身的利益。如果他認為自己的利益同他人、社會的利益不相矛盾時，這種為自己利益考慮的動機即為客觀上「利己利人」的行為；當他認為自己的利益同他人、社會的利益構成矛盾時，這種為自己利益打算的動機，就表現為犧牲、損害他人、社會的利益，先滿足自己私利的被社會大眾所唾罵的行為。

自私的天性

想像一下你正置身於一個這樣的場景——包括你在內的八個不同種族的面試者，在一個密閉的房間裡，為競聘一家背景神祕影響力卻極強的國際大企業的助理職位，而進行終極比拼。房間內有八張桌椅，桌上各有一份試卷和一支鉛筆。房間四處都裝有閉路電視監控，在競聘者的正前面是裝有單向鏡的牆壁。出口處有配槍警衛把守。應聘者不得與警衛交談，也不得呼叫監考官，不得擅自離開房間，不得損毀答題試卷，否則將被取消競聘資格。競聘者在80分鐘之內回答試卷上的一個問題，而且問題是唯一的。等競聘者了解規則之後，監考官啟動倒數計時器，隨即離開房間。

你了解規則了嗎？能進入終極面試的自然是精英中的精英，所以房間中的你們一個個展現出的是自信與鎮定。然而，當你翻開試卷，你發現試卷上除了「問題×」（×對應的是你的序號，如你是第七位競聘者，那麼卷面上呈現的就是「問題7」）三個字之外，卷面上空白一片，什麼信息也沒有。這個時候你會怎麼做？你的第一反應是什麼？

這是英國最新上映的一部驚悚片《終極面試（Exam 2009）》中的故事情節。事實上，拋開電影不管，面對職場或生活中的強力競爭者，即將走上工作崗位，或者已經在職場中闖蕩的人們，對此都要有一個清晰的認識。如果你是終極面試中的一位，你會怎麼做呢？讓我們先來看看電影中八位主角的反應吧……

空白的試卷絲毫掩飾不了他們的緊張、焦慮與困惑，他們不明白監考官給他們安排一份空白試卷的用意是什麼？大家都在焦慮環顧著……三分鐘過去了……這時一位亞洲籍的女性按捺不住，開始在試卷上寫字，結果違反了面試的規則，被警衛強制帶出門外。剩下的七個人冷靜地看著發生的這一切……其中有一位白人大膽地站了起來，說：「只要不破壞規則，我們可以採取任意的策略來獲取這個問題，前提是我們要合作。」

他開始遊說在場的每個人，希望大家形成一個團隊，合力找出問題所在。這個提議得到了大部分人的認可。大家開始群策群力，集思廣益，尋找最有可能破解試卷隱藏的問題的方法。然而，令人意想不到的是，白人偷樑換柱，用詭計使他的一名隊員在不知情的情況下，親手燒毀了自己的試卷，另一位面試者也不堪忍受白人咄咄逼人的壓力，而選擇自毀試卷，結果競聘者剩下了五位。白人受到了大家的指責，可是為了各自的利益，指責顯得如此地蒼白而無力。故事漸漸進入高潮……

很明顯白人為了自己的一己私利，逐漸排斥，而且嚴重鄙視強有力的競爭對手，競聘者之一的黑人，無法容忍白人的所作所為，一拳揮了過去，將白人徹底打暈，並請求其他人幫忙一起把白人抬出門外，以消除他對他們造成的威脅。但金髮女郎的一席話瞬間制止了黑人的行為——「如果是你選擇將他推出去，那麼，你將會被取消競聘的資格。」一時間一秒一秒地流過，最後剩下了不到30分鐘，可是他們依然沒有找到他們要回答的問題是什麼？

為了得到自己想要的答案，他們踐踏了自己的良知，自私地認為良知意味著最後競選的失敗。當白人犯病，全身抽搐不止時，他們猶豫不決，沒有立即給白人吃藥來緩解他的病情。其中也有人爭論，也有人感到羞愧，但自私的心理導致的自私行為，讓他們為自己的漠視尋找著讓人最信服的理由。有人為了達到減少競爭者的目的，甚至偷偷地用口香糖把白人的藥丸黏在桌子下面，激化矛盾。為了得到他們想要的答案，他們詆毀了信任，信任讓他們如此緊張。有人懷疑他們其中的一位競聘者了解這次競聘的內幕，為了逼迫她說出公司招聘的目的，這個人竟然採用性侵犯的方式來威脅對方，其手段極其殘忍。

不管影片的結果是什麼，它傳遞的主題已經非常鮮明，非常透亮了。人自私的天性，總是會在自身利益受到威脅的時候一覽無遺。這說明了什麼？觀看電影的我們，或者深處那個環境的你們，是否有資格大聲地評判他們人性的殘忍呢？因為人性從本質上來講就具有一種自私性，這種自私性在後天社會文化的教養以及道德的束縛下，被深深地隱藏起來。不到關鍵時刻，它是不會露面的。

這不由得讓我想起了一九九三年台灣大學與復旦大學，關於人性本善還是人性本惡的超級精彩辯論賽。持人性本惡的一方堅持認為人的本性是自私的，是惡的，有惡的本性才會有惡的行為。我們都知道人性是由社會屬性和自然屬性組成的，自然屬性指的就是無節制的本能和欲望，這是人的天性，是與生俱來的；而社會屬性則是通過社會生活、社會教化所獲得的，這是後天培養的。所謂人性本惡指的就是本能和欲望無節制地擴張，而善則是對本能的合理節制，一個是自然屬性，一個是社會屬性，所以說人性是自私的，是惡性的。曹操不就曾經說過——「寧可我負天下人，不可天下人負我」，可謂把本性的自私發揮到了極致。

在現實生活中，人們可能不太會認可人性的自私，那是因為後天教養、社會文化的薰陶成功塑造出來的結果。社會是一個群體，人也是群體動物，要想在群體中快樂健康地生活，就要遵循群體規範。幾千年來文明的不斷進化，讓人的自私本性漸漸隱藏，顯露出來的是能夠被社會大眾所接受的態度與行為。但隱藏並不是消除，在適當的時機，自私的本性還是會壓倒一切地顯露出來。如威脅到自身的安全、威脅到自身的利益等。

自私與生活環境有關

上文中提到過被隱藏的自私的本性，在一定的條件下會被赤裸裸地激發出來，這個條件與生活息息相關。當人們想獨自佔有生活中的某件東西，或獨自享受生活中的某件事情時，自私的本性就會從靈魂深處跳出來，指責或者謾罵那些想要與他一起分享的人們，或者採取某些手段來滿足自己獨享的欲望。除了無限擴張的欲望導致的自私之外，還有另外一種自私是源自於生活壓力。在高壓的環境中，如果不為自己的利益著想，不為自己自身的安危著想，最後輸掉的就不止是良善而已！

張藝謀的得力之作《大紅燈籠高高掛》中的二太太，貪心、精明、狹隘、自私，為了博取老爺的歡心，告發了三太太的姦情，識破了四太太假懷孕的詭計，其用心之深，真的是無人能及啊！這是人性自私赤裸的演繹，是封建傳統社會中女人的悲哀與不幸。然而，最讓我們悲嘆的還是影片中的女主角，也就是陳家四太太頌蓮的跌宕起伏的悲劇人生。

大學一年級的學生頌蓮，是一個反叛和好勝的女孩，因為家道中落，不得已才嫁入這個妻妾成群的古堡式大院中，成了多數妾中的一位。陳家有四位太太，分別住在四個院落，每當大紅燈籠高高掛在哪位太太的院落，那麼當晚侍奉主人的就非她莫屬了。四位太太都想得到主人的寵倖，所以妻妾之間爭風吃醋的事情，比比皆是。

按道理來說，受過高等文化教育的頌蓮，應該與其他太太是不一樣的，對於這種爭風吃醋的事情，她應該是不屑參與的，並且是極其鄙視的。然而，事實是從她進入大院的那瞬間，她就進入了一個不受她控制的陰森恐怖、勾心鬥角的生存環境中。

為了能夠生存下去，她必須要為自己爭取一席之地。於是，她含羞地舉燈，讓陳家老爺盡情地欣賞著自己的美麗胴體。她開始對二太太、三太太的挑戰做出反擊。她開始用心計來獲取大紅燈籠高高掛起的機會。她假裝懷孕，卻因丫鬟告密而被識破，最後被陳家老爺以欺主之罪封了燈。為了獲取自己生存的籌碼，就連敢於抗爭的頌蓮，人性也發生了質的轉變。這是她們的生存環境造成的。

大紅燈籠高高掛起，誰有了掛燈的機會，誰就擁有了仗勢欺人的權力。好強的頌蓮在這樣的環境中需要這樣的支配權利，所以爭奪掛燈權，打擊壓制其他房太太，魅惑主人，成了她獲取和鞏固自己地位的籌碼。有時候環境真的是蠱惑人心的毒藥，它讓你不得不自私地做出選擇，它讓你不得不自私地沈淪。受封建禮教束縛的女人是，受過高等文化薰陶的頌蓮也是。在現實生活環境中生存的我們也是一樣。在職場中，為了升職，為了獲得上司的青睞，有很多人可以自私地、頗有心計地撕毀團隊的信任，甚至可以出賣最好的朋友。當然不是說每個人都這樣，但不能否認的是現實生活中確實存在。

小孩子為了得到令人垂涎的禮物，自私地打壓、排擠其他的夥伴，說他人的壞話，向爸爸媽媽撒謊等，可謂費盡心機，其目的就是為了得到在我們大人來看絲毫不值得得到的禮物！受貧窮壓迫的人們，為了生活得更好一些，改變自己窘迫的境遇，獲得更多人的尊重與敬仰，常常採取一些常人所無法容忍的手段與措施，來達到自己的目的。沒有人喜歡自私的人，甚至有人會憎恨他們，可事實上，如果不是受環境所逼迫，他們人性的劣根性又豈能展現得如此淋漓盡致呢？故事來源於生活，沒有生活中典型的素材，再怎麼生動有趣的畫面，也是無法勾起人們的共鳴與反思的。人都有欲望，不同的是觸發欲望的鍥點不同。觸發的鍥點在很大程度上與生活境況有關。

自私會傷害自己

我們小時候都聽過《自私的巨人》這個童話故事，長大後，卻忘記了我們很多時候也在犯巨人所犯的錯誤。

巨人有個漂亮的花園。綠綠的草叢中盛開著五顏六色的花朵，花園中高大的果樹，在春天來臨的時候總是會開滿鮮艷的花朵，秋天來臨的時候果實纍纍。孩子們總是在放學之後闖進來在巨人的花園盡情遊玩。這個時候，鳥兒唱著歌，孩子們嬉戲著，花朵也在努力地奔放著，他們都在向滋養他們的大地訴說，他們是多麼的快樂！

巨人離家已經七年了。一天他回來了。他一進家，就看到孩子們在花園裡玩，他大吼道：「你們在這兒幹什麼？」孩子們一聽就嚇跑了。「我自己的花園就應歸我自己，」巨人說：「除了我自己，我不許任何人在裡面遊玩。」於是他在花園四周築了一道高高的圍牆，還貼了一張告示：「禁止入內。」

自私的巨人讓孩子們喪失了遊玩的地方。他們只好在馬路上玩，可路上塵土飛揚而且到處是堅硬的石頭，他們不喜歡。他們放學後就在高牆外轉來轉去，談論著牆內美麗的花園。他們不無傷感地回憶著說：「以前我們在這兒多麼快樂呀！」

冬天很快就過去了，又到了百花盛開的季節。除了巨人的花園仍舊是一片殘冬的景象之外，其他地方都是鮮花盛開，鳥兒到處飛。巨人的自私行為使得花園內沒有孩子的蹤跡，鳥兒也就不願在這兒歌唱，連樹都忘了開花。雪花鋪滿草地，寒冰覆蓋著所有的樹木，它們身上都披著厚厚的銀裝。冷冽的北風、傾盆大雨總是時不時地光顧著巨人的花園。自私的巨人坐在屋子窗前，望著外面寒冷雪白的花園，自言自語地說道：「為什麼今年春天來得那麼遲，我多麼希望天氣能變得暖和一些。」

但是春天和夏天一直都沒來。當別的花園結滿金色的果子時，巨人的花園裡卻一個果子也沒有。那兒永遠是冬季，有凜冽的北風，寒冷的冰雪和瓢潑的大雨。渴望溫暖、渴望美麗花園再現的巨人，只能疑惑重重，整日用棉被緊緊包裹著自己的身子，窩在床上睡懶覺。

某天早上，被厚厚的棉被包裹著的巨人，忽然聽到一種優美的音樂，是小鳥在唱歌。巨人已經很久沒聽到鳥兒的歌聲了，他忘情地傾聽著他認為是世上最美的音樂。這時，狂風息了，暴雨停了。「是春天來了嗎？」期待已久的巨人跳下床朝窗外望去。他看見一副美妙的景象。

孩子們坐在樹枝上，歡快地嬉戲著，原來是圍牆下有一個洞，孩子們抑制不住想要進來的渴望，於是不顧巨人牆外張貼的告示，進來了。當孩子們進來的剎那，果樹們張開了沈睡已久的身軀，盡情地釋放著自己，花朵展露了笑臉，草叢也開始抬頭張望。鳥兒爭先恐後地從遠處飛來，牠們快樂地飛翔，盡情地歌唱。

巨人看到這一切後，突然明白了自己是多麼的自私。他不僅剝奪了孩子們快樂的領域，也剝奪了自己的快樂，他不僅傷害了天真可愛的孩子，也在深深地傷害著自己。他為自己之前所做的事情而後悔。於是，他推到圍牆，讓他自己的花園變成了孩子們永遠的遊樂場。

後面的故事我不再敘說。我想要表達的主題是，巨人的自私差點毀了他原有的幸福生活。為了獨享自己美麗的花園，為了自己的一己之私，巨人拋棄了孩子們的歡笑，卻不知他的幸福正是由孩子們的快樂帶來的。在我們生活的周圍，為了自己的某種目的，而表現出的自己行為，傷害最深最大的也正是他們自己本身。

自私會傷害他人

她是某某機關的一位主管，能幹，好強，在別人眼裡，她果斷幹練，氣勢很強，無疑是一個成功的女性。她有個乖巧懂事的女兒，兩年前大學畢業後，主要靠在網路上做設計為生。但母親對女兒的這份工作一直心懷不滿，她多次勸說女兒去自己介紹的機關面試，而且一再保證，只要女兒願意去面試，她就有非常大的把握能得到這份很多人都求之不得的工作。但女兒在這件事情上很堅持，「我說過我不會去那些地方一張報紙一杯茶地混日子，你一定要我去，除非我死。」為這個事情，母女倆不知吵過多少次了，每次都是不歡而散。

這天中午，母親辦完事之後特地回了趟家，想陪女兒吃頓飯。到家已經快11點了，女兒才剛起床。母親看到之後，更是一肚子火，畢業之後，女兒一直沒有一份穩定的正式工作，說了多少次讓她到她安排的機關去工作，女兒對此都不屑一顧。母親忍不住又提起了工作的事情，可話還沒說完，女兒就一口回絕了。母女倆又是不歡而散。吃完飯之後，母親氣鼓鼓地離開了家。

誰知，這一離開竟成了永別。剛到單位這位母親就接到了家裡樓下管理員的電話，說她女兒出事了。她匆匆趕回家，發現女兒躺在樓下，一片血泊，已停止呼吸。看著女兒的屍體，一向堅強的她瞬間倒下，她整天躺在床上哭泣，完全沒有了之前幹練的神色。女兒以前一直都很聽話，家裡經濟條件也不錯，她不知道，也不明白女兒為什麼要做這種傻事。幾天之後，女兒電腦裡的一篇日記解開了她所有的疑惑，可是卻讓她陷入了更大的痛苦。

「畢業以來，媽媽幾乎天天念我，吃飯念，看電視念，睡覺也念……我不就是不願意接受她安排的穩定工作，選擇做自己喜歡的事情嗎？二十多年來，一直都是按她的喜好在生活，難道我真的不能有自己的選擇？我又沒有閒著，為了證明自己在工作，我每天拼命在網上找設計單子，每個月交給媽媽一定的生活費，拼命證明自己，可是在她看來，這些都沒有用。我到底做錯了什麼？她念得讓人心煩，現在一看到她回來我就只想躲進自己房間，好多時候煩得都想一死了之。有時候想，要是哪天真的受不了了，就從這窗子跳下去算了，只是不知道會不會痛……」

一直以來她認為自己是最愛女兒的，結果自己自私的愛卻成了害死女兒的兇手，幡然醒悟之後，她後悔不迭，無法原諒自己自私的行為。她自己是經歷過貧困的生活，深知穩定的重要，所以對女兒這也擔心那也擔心，就是沒想到過女兒是不是開心？現在想來，所謂自由職業還是穩定工作的好壞，都只是站在自己角度一廂情願地評判，對孩子來說，只要能實現自己價值，能自己養活自己，開心才是最重要的。可是，一切都無法挽回，女兒現在已經不在了，被懊悔折磨著的她，受著良心的譴責，從此一蹶不振。

這是一個真實的案例，在現實生活中，這樣的事件並不少見。並不是說父母不愛自己的孩子，只是父母的身分與地位，讓他們愛自己的孩子時無意識中預設了一個前提：孩子要接受父母愛的給予，孩子要回報父母愛的付出。上述的案例血淋淋地揭示了父母預設的這個前提條件。經常聽見很多父母這樣講：養兒防老。這就是說把兒子養大，是為了將來自己老時讓兒子奉養。父母愛兒子的前提條件是讓兒子養老。當然，作為子女，我們不能否認我們有這份責任在，但這不能成為父母愛孩子的前提。如果父母擁有這樣的心理，愛就會成為自私的愛。

不要做「囚徒困境」中的「囚徒」

范美忠，四川一所私立中學教師，在5．12汶川大地震發生之時，丟下學生一個人跑出了教室。10天之後，他在博客中詳細描述了當時發生的一切，以及之後他自己的心路歷程，這番地震後的「表白」舉動，立刻掀起了網友們的強烈憤恨，被網友譏諷為「范跑路」，並引發了一場關於道德是否淪喪的熱烈爭論。

據他的描述，當時他正在上語文課，忽然感覺到一陣輕微的晃動，他認為是輕微地震，叫同學們不要慌張。但他的話還沒說完，整個教室就開始地動山搖地震動起來。他立刻意識到這是個大地震。然後猛然向樓梯間衝過去，他是第一個到達操場的人，過了好一會才見有學生陸陸續續地來到操場。

後來，他問學生為什麼不出來。學生是這樣回答的——「我們一開始沒反應過來，只看見你一溜煙跑得沒了蹤影，等反應過來我們都嚇得躲到桌子下面去了。後來等震動稍微平息了一點，我們才敢出來！老師，你怎麼不把我們帶出來再走呀？」范美忠回答道：「我從來就不是一個勇於獻身的人，我只關心我自己的生命，你們不知道嗎？上次半夜火災的時候，我也逃得很快！」之後，他發現學生對他有些失望，他接著說道：「我是一個追求自由和公正的人，卻不是先人後己勇於犧牲自我的人。在這種生死抉擇的瞬間，只有為了我的女兒我才可能考慮犧牲自我，其他的人，哪怕是我的母親，在這種情況下我也是不會管的。因為成年人我抱不動，在這種時刻能逃出一個是一個。如果過於危險，我跟你們一起死亡沒有意義；如果沒有危險，我不管你們，你們也沒有危險，更何況你們是十七、八歲的人了！」在博客的最後，范美忠一直強調自己沒有絲毫的道德負疚感，他也絕對不是一個勇鬥持刀歹徒的人。

人們看到這段文字，簡直不敢相信自己的眼睛。范美忠是自私的、懦弱的，是只為自己著想，只考慮自身利益的人。大地震之後，他的這番言論引起了大眾媒體的深刻痛批，南方週末報的評論文章認為：從權衡利益來看，在當時那種情況下，作為教師的范美忠如果能堅守崗位，組織學生有序撤退，或許可以挽救更多的生命；其次，如果范美忠為了學生犧牲了，由於他的學生比他年輕很多，僅僅從生命的長度來算，這個學生的存活所保有的幸福量，就有可能遠高於范美忠的存活所保有的幸福量。

從博弈論的角度來看，范美忠絕對是一個有道德缺陷的「道德囚徒」，所以他受到社會的譴責也無可厚非。

「囚徒困境」是二十世紀五〇年代就職於蘭德公司的梅里爾．弗勒德等人提出的。下面的這個案例包含了經典的「囚徒困境」的核心理念：A和B是兩個因盜竊而被抓的慣犯。警察局局長正在調查該局管轄區域內的一宗懸而未決的銀行搶劫案，他根據一系列的線索，判定A和B是這樁案子的凶犯，但又缺乏確鑿的證據判他們入獄。

在上級的壓力下，警察局局長不得不花大量的時間和精力來提審A和B，並要求他們從下列的策略中做出選擇：如果只有一個人坦白認罪，作證檢控對方（背叛對方），而對方保持沈默，則認罪的一方即時獲得假釋，沈默的人則會因搶劫銀行而被判10年；若A和B都選擇保持沈默（雙方合作），則二人同樣被判半年；若二人相互檢舉（互相背叛），則二人同樣判監2年。

A和B到底應該選擇哪一種策略，才能將個人的刑期縮至最短？

我們假設A和B都是精明、會打小算盤的自私自利的不講義氣的人，且他們被分別審查是無法進行溝通的。在這種情況下，A會想：如果選擇背叛，那麼B選擇背叛時二人將判刑2年，B選擇沈默時自己將被無罪釋放；若是選擇沈默，那麼B選擇背叛時自己將被判10年，若B選擇沈默，那麼二人同被判刑半年。結果出來了，如若對方沈默，背叛會讓我獲釋，所以我會選擇背叛；如若對方背叛指控我，我也要指控對方才能得到最低的刑期，所以我還是會選擇背叛。兩個人面對的情況是一樣的，所以兩個人的理性思考得出的結論也是一樣的，他們都選擇背叛，結果是二人坐牢2年。如果A和B選擇合作保持沈默，兩個人最多只會被判半年，總體的利益更高，但囚徒只會追求自己的個人利益，所以達到均衡的狀況最佳的選擇，就是選擇背叛。

再來看范跑路事件。丟下學生一個人落荒而逃，事後還大言不慚地認為自己的所作所為沒有什麼不對。自私的人總是能為自己自私的行為找到合理的理由。在這場博弈論中，范美忠最先逃跑了出來，卻受到了全社會的指責與譏諷，他失去了成為一名合格教師的資格，也失去了讓他人信任的力量，或者說他從來就沒有信任過他人，也就談不上信任有多重要。如果在地震之時，他選擇留下，安排學生一個一個有序地撤退，那麼學生生存的可能性就會大增，即使范美忠犧牲了，他留下的也是他光輝的形象和高尚的人格，留下的是社會的希望，這是團體利益、全局利益。而范美忠為了一己之私，其行為留下的只能是遺憾。在生與死的考驗下，范美忠不會想到還有符合大家利益的其他選擇存在，正如「囚徒困境」中的兩個囚徒一樣，只為自己的利益精打細算著……

自私帶來的無私

話說地球上有一個君子國。既然是君子國，裡面住的自然都是君子了。君子們當然都是無私的，多少年來一直以「利他」為榮，「利己」為恥。有一次，兩個君子在路上撿到一塊黃金，一個人一定要給另一個人，而另一個人堅持要給對方。因為兩個人都是君子，所以他們誰都不肯要。結果兩個人推來讓去，爭執得是面紅耳赤，老半天也解決不了這個問題。這時，恰巧有一個「乞丐」路過，就說：「既然你們倆誰都不要，那就給我吧！」在這個乞丐的幫忙之下，兩個人的爭執才得以解決。

可誰也沒想到，這個「乞丐」並不是真的叫花子，他是從小人國來的。從這個事情發生之後，小人國的人發現君子國是最適合他們生存的地方，因為他們可以不勞而獲，他們可以通過各種手段來維護、獲取財富。於是大量的小人國人民湧向了君子國。在慷慨無私的給與條件下，君子國人們的生活過得越來越艱難，那些君子們後來發現當小人其實可以讓自己生活得更容易，更舒坦些，於是那些君子們漸漸地都變成了小人。從此，地球上最後一個君子國滅亡了，地球上留下的都是宣言——「私有財產神聖不可侵犯」的小人國。

成為富人的小人國人民開始在保護——「私有財產神聖不可侵犯」的理念的前提下，一方面繼續創造和累積財富，一方面向全世界其他的貧窮國家捐款捐物，略顯一點「君子」的風度。而一心維護自己利益的小人國人民，在獲得財富變成富人之後，或者曾經慷慨的君子變成小人之後，都沒有被自私吞滅，相反，他們會給弱勢群體或者弱勢國家的人民提供幫助，因為自私獲得的財富，讓他們具備了幫助他人的實力與財力。

我們通常把自私看得過於狹隘了，認為自私就是無私的對立面，自私是可恥的，是萬惡之源，認為社會上之所以存在殺人放火、燒殺擄掠以及戰爭等，都是人性的自私在作怪，而無私才是最高尚的，無私奉獻是一種社會的美德，是人人都該稱讚與頌揚的，只有無私付出社會才能和諧共存。我們試想一下，在競爭異常激烈的今天，一無所有的你，拿什麼去無私貢獻，又有什麼能力讓這個社會和諧發展呢？

第8章 最難轉變的心理——固執

在遇到與人爭執的時候，我們是適時地採取放棄的政策，還是一如既往地堅持自己的觀點？我想，每個人心中都有自己的答案。固執地認為自己的觀點是正確、合理的，有時候只是一種本能的反應，它會被對方解讀為冥頑不靈，也會被對方解讀為堅持不懈。兩種解讀，兩種朝向。一種是誤區，一種是精神。當然，本書探討的是心理誤區，難免要對第一種解讀多下筆墨。走入誤區的固執是一種執迷不悟，是一種主觀感受大於客觀事實的過分固化，是要不得的一種心理狀態。固執地想要維持自我的不合理的狀態，試圖改變難以改變的世界，最後受挫的絕對不會是自我生存的客觀世界，而是主觀的自我。

我們為什麼要如此固執？

固執是一種心理現象，從本質上來講它暗含兩個意思。一個是堅持己見，不懂變通，也就是我們經常講的執迷不悟、冥頑不靈；另一個意思是堅持不懈，不屈不撓，亦即堅持我們認為是正確的事情或觀點，也就是人們常常講的擇善固執的意思。兩個意思，兩種性質。

執迷不悟的固執是指人們在認知過程中無法將客觀和主觀、現實與假設很好地區分開來。心理諮詢師認為，人本身對事物是有自己認知的，對事件的態度是由自己的評價來決定的，而且這種評價依賴於其自身的經驗。如果一個人缺乏客觀的認知態度，或者因自尊心太強而放不下面子，一味地按照自己的主觀感受行事，並過分地固化，就會產生執迷不悟。

讀讀這個小故事，感受下它富含的內在哲理，你會發現只需往後退一步，事實的真相竟是如此的簡單。

有個寺廟，寺廟的後院有個雜物間，雜物間裡除了放置一些平常很少用到的物品外，也沒有什麼其他貴重的物品。雜物間平時的都是用插梢插著的，一般人很少進去。

寺廟裡來了個小和尚，也住在後院。小和尚每天從住處去佛堂的時候，都會經過這個雜物間。某天早上，小和尚和往常一樣去佛堂，路過雜物間的時候，發現雜物間的門被人打開了。小和尚望望屋內，沒什麼異常，於是順手就把房門關上了。

第二天早上小和尚路過雜物間的時候，發現雜物間的房門又被打開了，小和尚很是奇怪，看了下屋內，也沒缺少什麼東西，於是順手又把門給關上了。然而，一連好幾天，小和尚關上的房門總會被人打開。小和尚懷疑是寺廟內的其他師兄弟欺負他這個新來的和尚，可是小和尚仔細想想又覺得不太可能。平日裡其他師兄弟與他相處都很和睦，對他很是照顧，而且每天早上也是他去佛堂最早，其他師兄弟總是在最後一刻鐘的時候，才會趕到佛堂。

小和尚很是好奇，究竟是誰故意搗亂，反反覆覆把雜物間的房門打開呢？這天，小和尚比平時早起了一個小時，等他快要走到雜物間的時候，他看見師父從住處走了過來。師父問小和尚：「今天怎麼起得這麼早啊？」小和尚還沒有想好應該怎麼回答師父的問話，只是傻傻地笑，沒有做聲。

師父也沒多問，就自顧往前走了。師父走過雜物間，順手把插梢拔了出來，把門推開。但師父並沒有走進雜物間，只是自顧往佛堂的方向走去。小和尚這才明白，原來這些天都是師傅打開雜物間的房門的。可是師父為什麼要這樣做呢？

小和尚懷著好奇的心走進雜物間，突然聞到一股怪怪的味道，原來關了太久的雜物間會潮濕，會產生一股嚴重的霉味，並且會腐蝕屋內放置的物品。師父打開房門，就是為了散除這股霉味。

想想看，我們是不是常常犯了小和尚犯的錯誤呢？站在門外主觀判斷，主觀猜疑，卻不去從問題的內在本質探討原因呢？每天關上房門的時候，小和尚總以為自己做的事情是正確的，於是天天重複著自認為是正確的事情，卻不知道真正執迷不悟的人，正是小和尚自己呀！

缺乏客觀的認知態度，會導致對事物的偏差理解。如果能夠站在事物自身以外的角度理性地看待問題，你會發現角度不同，對事物的理解就會不同。想像一下，當有人事先在你幾個口袋裡各裝一個針孔錄影機，拍攝你一天甚至幾天的行程。之後再請你觀看所拍攝的影片，你會發現同樣的一件事情，從不同的角度來拍攝，你所看到的，你所聽見的完全不同。當你認識到這點之後，你還會固執地堅持自己的看法嗎？

事實上，真正能夠站在他人的角度思考問題，不是一件容易的事情。不過，如果放開自己的束縛，勇敢地去嘗試，你就會發現原來這個世界並不是你所想像的那樣。很多時候，要多做換位思考：如果同樣的事情發生在你的身上，你會做何猜想？有了這樣的思考意識，執迷不悟將不會與你靠得太近。客觀的認知態度完全可以習得，由這樣的原因導致的固執的心理現象，也可以毫不費勁地擺脫掉。

執迷不悟的固執最怕撞見的是，那種明知是錯誤的還死不認錯悔改的人。這種人自尊心太強，或許是因為自我安全感太過缺乏，因此他們往往比一般人的自我防護欲要高；或許是因為虛榮心太強，他們需要從這種執拗的狀態中滿足自己的虛榮心。但不管是哪種方式，固執都從中得到了發展與鞏固，進而妨礙到與他人的正常交往。

這種人往往自以為是，聽不進別人的意見，只想別人接受自己的觀點。此外，自尊心強的人本身具有一種盲目的自我崇拜心理，有種高估自己的優越感，但這種被高估的能力又不具有堅實的基底，或者從骨子裡頭固執的人就有自卑的情結。只不過自卑心理導致的尋求超越讓他們產生了強烈的自尊需求。固執地堅持自我就成了維持自尊需求的一種手段，即使堅持的東西是錯誤的，他們也在所不惜。這種類型的人很難從執迷不悟的漩渦中解脫出來，除非他們選擇放棄高傲的姿態，虛心地接受現實中發生的一切。

《論語》有云：子絕四——毋意，毋必，毋固，毋我。翻譯過來的意思就是說：不憑空猜測，不絕對肯定，不拘泥固執，不唯我獨是。老子也告訴人們——「不自見故明，不自是故彰，不自伐故有功，不自矜故長。自見者不明，自是者不彰，自伐者無功，自矜者不長。」

意思就是說，自以為清楚者不明白，自以為是者不正確，自己誇耀者必然無功，自高自傲者不會長進。所以，在我們生活中，不要以為自己什麼都清楚或什麼都正確，只有這樣才能認識清楚，判斷正確；也不要誇耀自己了不起或自高自傲，如此，才會有功，才能有所長進。

擇善固執

除了上文中提到過的盲目堅持的固執外，固執還表現出另外的特質，即不屈不撓的固執，這是一種恆心與毅力的完美展現，不過前提是你所堅持的事情或原則是正確、可行的，堅持的標準也能為大眾所接受，否則你的固執就會轉化成死腦筋的固執，不懂變通的固執。不屈不撓、堅持不懈的固執是擇善固執，是一種精緻的品質。

蔡康永，是「金鐘獎」的得主，被人尊稱為華人世界裡最佳的主持人。蔡康永兼具多重身分，大學教師、電影編劇、電影評論員、專欄作家、時尚雜誌編輯、電視台導演兼顧問，此外他還是資深廣播人，他還給電腦遊戲寫過腳本和對白，當然，最為大陸觀眾所熟知的蔡康永，是一個非常紅的主持人。有著這麼多身分的蔡康永，被娛樂界內外的人，視為「文化人」與「讀書人」。這不是給他「戴高帽子」，而是他值得擁有這樣的讚譽，他是一個固執的人，一個不屈不撓、堅持讀書的人。

作為電視界內的紅人，蔡康永卻認為電視界內的一切，對他來說沒有多大的意義，追尋人生的意義在於閱讀。他曾經說過這麼一句話——「放棄閱讀，就等於自願走在一條黑暗的隧道裡，既錯過了無數的風景，也錯過了無數可以轉彎的地方。」

其實，蔡康永的固執不僅表現在閱讀上，也表現在對待生活的態度上。每個人選擇生活的方式不同，但始終堅持如一的人並不多，而蔡康永就是這為數不多中的一個。他常說，他的閱讀不是很有水準，只是因為他不甘心，他老想多知道一點，每多知道一點他就會讚嘆，那個人過得比他有意思多了。

他用了個比喻，很恰當很形象的刻畫了他對閱讀的固執，即對人生意義追求的固執。他說：「有一個數學家得了全世界最大的數學天才獎，我要採訪這個人。我很想看這個數學家是怎麼一個人。他怎麼活得下去，他做什麼事情別人都不懂。我很想在我的人生中，花兩個鐘頭跟這樣的人相處，然後看看我錯過了什麼，我一直相信我錯過了一大堆東西。」

讀書，在一些人看來就是該去履行的義務，當然如果你對讀書很有興趣，很有激情，那麼這個過程將是一個很享受的過程。當然，對很多人來說，讀書確實是一件苦差事，不得已只能在枯燥的心境下勉強為之。可在蔡康永看來，讀書體現的是一種生命的意義。要完美地實現自己人生的價值，就要不斷地讀書，不斷地閱讀。蔡康永在接受採訪的時候，講過這樣的一個故事——

「如果有小鳥在森林裡面唱了一段生命裡面最好聽的歌，可是當時沒有半個人聽見，然後這隻小鳥死掉了，那牠到底有沒有唱過這段歌？這是哲學上的一個問題：沒有人見證的情況下，這件事情到底存不存在？」

這個問題在娛樂圈是很好解決的。他說：「教授肯定跟你講，拍了沒人看，那等於沒拍，你不但沒拍，還浪費別人的錢。在哲學裡面就很難講，唱過，就是存在的，只是沒人聽見而已！……這個時代，小鳥的歌聲更不容易被聽見，因為森林裡大象拉一坨屎，犀牛也拉一坨屎，屎味滿天，沒有人管小鳥在唱什麼歌。我不認為費里尼、黑澤明在電影圈還能像當年一樣被珍惜。我跟自己說，需要出現在眾人面前的東西，我在這個年紀把它玩掉。等到我已經厭倦出現在眾人面前，厭倦了五光十色的熱鬧的時候，還留了一個好玩的東西可以玩——比方說寫東西，或拍一部自娛娛人，並且不太浪費別人錢的電影。這是支撐我活下去的一個力量。」

講這個故事，蔡康永有著謙虛的態度，卻也赤裸裸地展現了現實的殘酷。不過這個執著的男人，並不懼怕現實的殘酷，他有認真堅持下去的東西，他人生的意義並不會只停留在某個瞬間。

五光十色、星光璀璨卻也是曇花一現的娛樂圈舞台上，堅持自己認為該堅持的東西是一種難能可貴的精神。也正因為如此，蔡康永才被看成是一個怪才，一個叛逆者。

擇善固執是一種可貴的精神，應該受到人們的讚揚。看看我們身邊吧。那些整天埋頭做研究的人，追求科學的真理不放棄。在枯燥的實驗室中，他們忍受著孤獨與寂寞，不斷地設計，不斷地驗證，不斷地失敗，不斷地改寫，這樣地執著，只為兩個字，科學。這些人，這些不屈不撓的固執的人，人生的意義在於追求科學的真理。他們對實驗與數據充滿了熱情，卻也傾注了大量的時間與精力，孜孜不倦、固執地驗證著世間的一切神奇之所在。

堅持自己正確的觀念未必會被別人坦然接受。畢竟人與人之間的差異、利益的衝突這些都是影響人際交往的關鍵因素。所以，在與他人交往時，如何正確地堅持自己的固執己見，這是一種溝通技巧。運用得好將會為你帶來意想不到的效果。讓我們來看看下面這個故事——

一個叫亞力森的推銷員，他使了很大的勁，才賣了兩台發動機給一家大工廠的工程師。他決心要賣給他幾百台發動機，因此幾天後又去找他，沒想到那位工程師說：「亞力森，你們公司的發動機太不理想了。雖然我需要幾百台，但我不打算買你們的。你們的發動機太熱了，熱得我的手都不能放上去。」

亞力森知道，跟他爭辯是不會有好處的，急忙採用另一種策略。他說：「史密斯先生，我想你說得很對，發動機確實太熱了，誰都不願意再買。你要的發動機的熱度，不應該超過有關標準，是嗎？」「是的。」亞力森得到了第一個「是」。「電器製造公會的規定是：設計適當的發動機可以比室內溫度高出華氏72度，是嗎？」「是的。」亞力森又得到了的二個「是」。「那天你的廠房有多熱呢？」「大約華氏75度。」「這麼說來，72度加75度一共是147度。把手放在華氏147度的熱水塞門下面，想必一定很燙手，是嗎？」亞力森得到了第三個「是」。緊接著他提議說：「那麼，不把手放在發動機上行嗎？」「嗯，我想你說得不錯。」工程師讚賞地笑起來。他馬上把祕書叫來，開了一張價值三萬五千美元的訂單。

一個出色的推銷員一定要有固執的特質，但這份固執在商業中如何能使自己利益最大化呢？這需要一種機智。就像亞力森一樣，當工程師拒絕買他的幾百台發動機的時候，他冷靜的機智為他贏得了最大的商機。亞力森非常清楚他們的發動機沒有任何問題，絕對符合電器製造工會的標準。但他選擇不去爭辯，而是用一種提高對方自尊心，讓對方感覺到自己很重要的策略，最後成功地化解了危機。所以，在特定情況下，堅持很重要，但堅持的方式更重要。

改變世界不如改變自己

一個人的成長需要做出很多的改變，有時候只是一個小小的決定，有時候卻是十分艱難的抉擇。不管大與小，改變總歸是個相當痛苦的過程。然而，不經歷風雨又怎能見彩虹？很落俗的老話，卻又是那麼的經典。在成長的道路上，不見得都是一帆風順，風平浪靜的。就好像我們在黑板上寫字，不管如何努力，寫出的每一行字都不會是絕對的平行。人生就是這樣，兩條腿走路，就算是最好的模特，T台（伸展台）上成功的「一字步」也是不斷超越自己才獲得的。超越自己，改變自己，亙古不變的真理。

然而，很多時候，在面臨改變、面臨艱難選擇的時候，不是每個人都願意從自己本身的角度來尋求突破。人們習慣把目光轉向身邊的環境，身邊的人，面對挫折困境時，人們總是抱怨，哀嘆命運的不公，世界的黑暗。他們總是希望改變周圍「混沌不堪的世界」，希望「改變後的世界」來容納、接受自己，卻忘了最容易使「世界」發生變化的是自己先改變，因為改變自己容易，改變世界太難了。

你不妨感受一下，下面的兩則小故事——

很久很久以前，人們都是赤著雙腳走路。有一次國王到某個偏遠的國家旅行，因為路面崎嶇不平，有很多碎石頭，刺得他的腳又痛又麻。回到王宮後，他下了一道命令，要將國內的所有道路都鋪上一層牛皮。他認為這樣做，不只是為自己，還可造福他的人民，讓大家走路時不再受到刺痛之苦。但是國內的皮革遠遠不夠鋪滿全部的路面，即使殺盡國內所有的牛，耗費大量的金錢與人力、物力，籌到的皮革還是不夠。鋪路的人都知道，這是不現實的做法，甚至是愚蠢的行為，可是因為是國王下的命令，大家除了執行也只能搖頭嘆息。

國王有位聰明而且善良的僕人，不忍民眾為此而大受其苦，就大膽地向國王提出：「國王啊，為什麼您要勞師動眾，犧牲那麼多頭牛，花費那麼多金錢鋪路呢？您何不用兩小片牛皮包住您自己的腳呢？」

國王聽後非常地驚訝，但同時也領悟到自己下的這個命令有多不切實際，於是立刻下令收回成命。後來，因為國王採用了僕人提出的建議，在腳上包上牛皮，以防止山路碎石刺腳，這個方法頓時大受歡迎。據說，這就是皮鞋的起源。

另一個故事是這樣的：話說有位百萬富翁罹患了一種眼睛的疾病，他接受了許多次的治療，但是結果都無濟於事。後來，這位百萬富翁聽說有一個人專門治療眼睛的各種疑難雜症，於是便把這個人請來看病。這個人查看了百萬富翁的病情之後囑咐說：「這段時間呢？你只能專注看綠色的東西，千萬不要看其他顏色。這樣你的病就會慢慢地好起來。」

這個人走了之後，百萬富翁便叫人買了一卡車的綠色顏料，將他所能看見的東西都塗上綠色。過了些日子，之前幫他看病的這個人再次登門造訪，百萬富翁的僕人立刻要用一桶綠色的顏料澆在他身上，因為這個人所穿的是紅色的衣服。僕人說，百萬富翁看到紅顏色眼睛會痛。這個醫生笑了笑說：「你幫我問問百萬富翁，他能夠把整個世界都塗成綠色嗎？」百萬富翁聽後，嘆了口氣說：「我知道不能，但我又能怎麼辦呢？您不是叮囑我只能夠看綠色的東西嗎？」

「其實你只要花幾個硬幣就可以解決所有的問題，何必大費周折呢？」醫生說道。百萬富翁還是不明白。「你上街去買一副綠色的眼鏡，不就可以解決所有的問題了！」

故事很簡單，寓意卻很深刻。我們不能改變世界，但我們完全可以改變自己。有時候，在人際交往中，懂得這點很重要。

面子問題

俗語說：「人活一張臉，樹活一張皮」，可見，面子很重要。要面子並非什麼錯事，關鍵是看你要的是什麼面子，你該捨棄的又是什麼面子。面子問題表面上好像是臉面的事情，實際上它深刻反映出了一個人內在的心理特質——固執。

上文我提到過固執有兩面，一面是不懂圓通的固執，容易使人陷入執迷不悟的糾結中；另一面是堅持不懈、不屈不撓的固執，是值得被讚賞的人格特質。

有些面子涉及的是一個人堅守的道德原則，並為這個原則奮鬥終生，這樣的面子必須毫不猶豫地保全與維護。蘇格拉底，古希臘著名的哲學家，以教授學生知識和道德為生。他在辯論之中度過了一生。然而，在他70歲的時候，他被人控告有罪，罪名是不敬國家所敬的諸神，並帶壞了青年人，結果被判死刑。蘇格拉底一生都在追求善德並孜孜不倦地將之傳播，國家卻用死刑酬答了他。在他被關進監獄之後，他的朋友們打算營救他逃離雅典，但卻被他拒絕了。

他拒絕的理由是，他認為他必須要遵守雅典的法律，因為他和國家之間有神聖的契約，他不能違背。如果國家的法律是不公正的，你就不必遵從他們，但如果你違反了國家的法律，你就必須要服從懲罰。他感受到有一種服從國家的合法權威和國家法律的義務，所以他自覺地接受了死刑。

蘇格拉底接受死刑，因為他不允許最神聖的理想有絲毫被褻瀆。他不是不珍惜自己的生命，而是更注重自己的靈魂。他在用生命維護著自己終生堅守的道德理想。從某種角度來講，這也是在維護國家的面子，蘇格拉底犧牲了寶貴的生命保全了國家法律的威嚴。這種堅韌的性格實在值得每個人學習。

並不是所有的面子都要被維護，都值得被維護，有些面子要得沒意義。

話說齊國有一個人，娶了兩個老婆。這個齊國人很愛面子，經常在妻子面前炫耀自己在外面跟大人物來往很密切。他常常喝得醉醺醺地回家。大老婆問他：「你又跟什麼人喝酒去了？」這個人揚揚得意地向老婆炫耀道：「都是些有錢有勢的大官人！」

大老婆覺得甚是可疑，因為她從來沒見著有什麼顯赫的貴人來過他們家。於是她便與小老婆商量道：「丈夫外出，總是飯飽酒醉後才回來，問他都與一些什麼人在一起了，他老說是一些有權有勢的官人，可是家裡從來沒有來過什麼顯赫的人物。我準備偷偷跟蹤他，看他究竟去了些什麼地方。」

第二天清早起來，大老婆便偷偷跟隨在丈夫後面，走了很久，全城幾乎走遍了，也沒發現一個什麼顯貴的人物站住同她丈夫說話。最後，來到了東郊外的墓地，看見丈夫走向一些祭掃墳墓的人，討些殘菜剩飯；此處不夠，又東張西望地跑到別處去乞討。原來這就是丈夫所為的「達官貴人」呀！大老婆回到家裡後，悲痛難忍，不禁向小老婆哭訴道：「一直以為丈夫是我們仰望終生倚靠的人，卻沒有想到他竟然這樣騙我們……」

所為「死要面子活受罪」就是這個意思吧！在老婆面前死撐面子，在外乞討卻說在相會貴人，這樣的面子維護滿足的只是他虛榮的自尊心，要這樣的面子沒有任何意義。

學會放棄很重要

捨得捨得有捨才有得。一味地揪著某件事情不放手，固執得就像一塊頑石，結果未必達成心願。要懂得放棄，學會放棄很重要。

有人說放棄是一門選擇的藝術，學會了放棄，果斷地放棄，未來就會海闊憑魚躍，天空任鳥飛。但放棄也是毅力與堅守的考驗，是痛苦的過程。如果執著地堅守一份不屬於自己的夢想，結果你會受其所累，疲乏不堪，你會發現夢想離你越來越遠。越想得到，越怕失去，結果失去得越快。當你放棄了苦苦追尋，但又毫無希望追到東西的時候，回首一望，你會發現其實你擁有了比你放棄的東西，還要值得收藏和珍惜的財富。

有的人不願放棄是因為貪念太多，總想擁有全世界。記得有人說過這麼一句話——「明明就是一隻烏龜，偏偏搶人家螃蟹的殼，最後導致背上沈重的一身債。」

有人說，放棄是創新的靈魂。總是執著地固守著僵化的傳統，你的目光將會變得十分狹窄。如果有一盤切成大小不等的西瓜片讓你選擇一塊解渴，你會選擇大的還是選擇小的。很多人都會覺得這還用問嗎？傻子才會選擇小的。但傻人自有傻福。如果選擇了小的，西瓜很快就會被啃光，這時你可以拿第二塊，第三塊。相反，如果你拿大的，等你吃完的話，估計你連西瓜子也得不到。如果大小不等的西瓜代表一定程度的利益，拿最小西瓜的人卻能獲得最大的利益。可見，放棄眼前的蠅頭小利，長遠看問題，才是真正的生存之道。

當然不是說什麼都能放棄，什麼都想放棄，什麼都要放棄。放棄是一種智慧。無的放矢的放棄，是一種不理智的放棄，是對自己的不負責任。生活中常見這樣的故事：堅守了多年的感情，一起同甘苦共患難地相攜相守走了過來，終於過上了幸福的生活。然而，幸福的生活卻抵擋不住外界的誘惑，不是丈夫放棄了妻子，就是妻子離開了丈夫，真是一種悲哀。這樣的放棄，喪失了責任，喪失了品格。

如果想要放棄了，不妨請看看下面這個故事吧——

某天，酒樓裡來了兩位客人，一男一女，四十歲上下，穿著不俗，男的還拎著一個旅行包，看樣子是一對出來旅遊的夫妻。服務員笑吟吟地送上菜單。男的接過菜單直接遞給女的：「你點吧，想吃什麼點什麼。」女的連看也不看一眼，抬頭對服務員說：「給我們來碗餛飩就好了！」服務員一怔，哪有到酒樓裡來吃餛飩的。再說，酒樓裡也沒有餛飩呀！她以爲沒聽清楚，就又問了一遍。

這時旁邊的男人講話了：「吃什麼餛飩，又不是沒錢？」女人搖搖頭說：「我就是要吃餛飩！」男人愣了愣，看到服務員驚訝的目光，很難爲情地說：「好吧，請給我們來兩碗餛飩吧！」「不，只要一碗就夠了！」男人又一怔，一碗怎麼吃？女人看男人皺起了眉頭，就說：「你不是答應的，一路上都聽我的嗎？」男人不吭聲了，抱著手靠在椅子上。旁邊的服務員露出一絲鄙夷的笑意，心想：這女人摳門摳到家了，上酒樓光吃餛飩不說，兩個人還只要一碗。她對著女人撇了撇嘴：「對不起，我們這裡沒有餛飩賣，我去外邊給你們買吧！」

過了一會兒，服務員捧回一碗熱氣騰騰的餛飩，往女人面前一放：「請兩位慢用。」看到餛飩，女人的眼睛都亮了，她把臉湊到碗上面，深深地吸了一口氣。然後，用湯匙輕輕攪拌著碗裡的餛飩，好像很捨不得吃，半天也不送到嘴裡。

男人瞪大眼睛看著女人，又扭頭看看四周，感覺大家都在用奇怪的眼光盯著他們，頓感無地自容，恨恨地說道：「眞搞不懂你在搞什麼，千里迢迢跑來，就爲了吃這碗餛飩？」之後，男人就自己點了很多名貴的菜吃了起來。最後到結賬的時候，女人不疾不徐地說：「錢包和手機都被我扔到河裡去了。」男人都快氣瘋了，指著女人說：「你瘋了嗎？」女人說：「我這裡還有五元錢，足夠我付這碗餛飩了！」男人瞪著女人好長時間，最後無奈地坐下，「我們身上沒有錢，這麼遠的路我們怎麼回去呀？」

女人卻一臉平靜，「你急什麼，20年前，我們也一樣沒錢，不照樣靠兩條腿走回去的。那時候和現在一樣，也是在這裡，你用剩下的五毛錢給我買了一碗餛飩，吃完後你一步一步地把我背回了家……」

往事一幕幕地湧上來，淚水打濕了男人的眼眶。男人一把抓住女人的手，「我們回家吧，我不離婚了。我眞該死，這幾年不就賺了一點錢麼，人怎麼一有錢，就想要放棄陪伴自己二十幾年的糟糠之妻呀！走，回家……」

這個故事值得我們去思索生活中什麼該放棄，什麼該珍惜。智者曰：兩弊相衡取其輕，兩利相權取其重。放棄難言的負荷，方能揭開心靈的枷鎖；放棄滿腹的牢騷，方能蘊蓄不倦的威力；放棄纖巧的詭辯，方能擁有深邃的思想；放棄虛偽的矯飾，方能贏得真摯的友情。放棄是一種智慧，值得細細品味。

國家圖書館出版品預行編目資料

心理自控力／麥哲倫 主編 -- 初版
-- 新北市：新潮社，2020.12
冊；　公分
ISBN 978-986-316-778-5（平裝）
1.修身 2.生活指導

192.1　　109014782

心理自控力

主　　編　麥哲倫
企　　劃　天蠍座文創製作
出　　版　新潮社文化事業有限公司
電話 02-8666-5711
傳真 02-8666-5833
E-mail：service@xcsbook.com.tw

印前作業　東豪印刷事業有限公司
印刷作業　福霖印刷有限公司

總 經 銷　創智文化有限公司
新北市土城區忠承路 89 號 6F（永寧科技園區）
電話 02-2268-3489
傳真 02-2269-6560

初　　版　2020 年 12 月